Immanuel Kant

Über eine Entdeckung, nach der alle neue Kritik der reinen Vernunft

durch eine ältere entbehrlich gemacht werden soll

Immanuel Kant

Über eine Entdeckung, nach der alle neue Kritik der reinen Vernunft
durch eine ältere entbehrlich gemacht werden soll

ISBN/EAN: 9783743482715

Hergestellt in Europa, USA, Kanada, Australien, Japan

Cover: Foto ©ninafisch / pixelio.de

Manufactured and distributed by brebook publishing software
(www.brebook.com)

Immanuel Kant

Über eine Entdeckung, nach der alle neue Kritik der reinen Vernunft

Ueber

eine Entdeckung

nach der

alle neue Critik

der reinen Vernunft

durch eine ältere

entbehrlich gemacht werden soll,

von

Immanuel Kant.

Königsberg, 1790.

bey Friedrich Nicolovius.

Herr Eberhard hat die Entdeckung gemacht, daß, wie sein phil. Magazin, erster Band S. 289 besagt, „die Leibnizische Philosophie eben so wohl eine Vernunftcritik enthalte, als die neuerliche, wobey sie dennoch einen auf genaue Zergliederung der Erkenntnißvermögen gegründeten Dogmatism einführe, mithin alles Wahre der letzteren, überdem aber noch mehr, in einer gegründeten Erweiterung des Gebiets des Verstandes, enthalte.„ Wie es nun zugegangen sey, daß man diese Sachen in der Philosophie des großen Mannes und ihrer Tochter der Wolfischen nicht schon längst gesehen hat, erklärt er zwar nicht;

allein

allein wie viele für neu gehaltene Entdeckungen ſehen jetzt nicht geſchickte Ausleger ganz klar in den Alten, nachdem ihnen gezeigt worden, wornach ſie ſehen ſollen.

Allein mit dem Fehlſchlagen des Anſpruchs auf Neuigkeit möchte es noch hingehen, wenn nur die ältere Critik in ihrem Ausgange nicht das gerade Widerſpiel der neuen enthielte; denn in dieſem Falle würde das argumentum ad verecundiam (wie es Locke nennt), deſſen ſich auch Herr Eberhard, aus Furcht ſeine eigene möchten nicht zulangen, klüglich (bisweilen auch wie S. 298 mit Wortverdrehungen) bedient, der Aufnahme der letztern ein großes Hinderniß ſeyn. Allein es iſt mit dem Widerlegen reiner Vernunftſätze, durch Bücher, (die doch ſelbſt aus keinen anderen Quellen geſchöpft ſeyn konnten, als denen, welchen wir eben ſo nahe ſind, als ihre Verfaſſer,) eine mißliche Sache. Herr Eberhard konnte, ſo ſcharfſichtig er auch iſt, doch für diesmal vielleicht nicht recht geſehen haben. Ueberdem ſpricht er bisweilen (wie S. 381 und 393. die Anmerk.) ſo, als ob er ſich für Leibnitzen eben nicht verbürgen wolle. Am beſten iſt es alſo: wir laſſen dieſen berühmten Mann aus dem Spiel, und nehmen die Sätze, die Herr Eberhard auf deſſen Namen ſchreibt und zu Waffen wider die Critik braucht, für ſeine eigene Behauptungen; denn ſonſt gerathen wir in

die

die schlimme Lage, daß die Streiche, die er in
fremden Namen führt, uns, diejenigen aber, wo=
durch wir sie, wie billig, erwiedern, einen großen
Mann treffen möchten, welches uns nur bey den
Verehrern desselben Haß zuziehen dürfte.

Das erste, worauf wir in diesem Streithan=
del zu sehen haben, ist, nach dem Beyspiele der
Juristen in der Führung eines Processes, das For=
male. Hierüber erklärt sich Hr. Eberhard S. 255
auf folgende Art: „Nach der Einrichtung, die
diese Zeitschrift mit sich bringt, ist es sehr wohl er=
laubt: daß wir unsere Tagereisen nach Belieben ab=
brechen und wieder fortsetzen, daß wir *vorwärts*
und rückwärts gehen und nach allen Richtungen
ausbeugen können.„ — Nun kann man wol
einräumen; daß ein Magazin in seinen verschiede=
nen Abtheilungen und Verschlägen gar verschiedene
Sachen enthalte (so wie auch in diesem auf eine
Abhandlung über die logische Wahrheit unmittelbar
ein Beytrag zur Geschichte der Bärte, auf diesen
ein Gedicht folgt); allein daß in einer und dersel=
ben Abtheilung ungleichartige Dinge durch einan=
der gemengt werden, oder das hinterste zu vorderst
und das unterste zu oberst gebracht werde, vor=
nemlich wenn es, wie hier der Fall ist, die Gegen=
einanderstellung zweyer Systeme betrift, wird Hr.
Eberhard schwerlich durch die Eigenthümlichkeit
eines Magazins (welches alsdenn eine Gerümpelkam=

mer

mer seyn würde) rechtfertigen können: in der That
ist er auch weit entfernt so zu urtheilen.

Diese vorgeblich kunstlose Zusammenstellung
der Sätze ist in der That sehr planmäßig angelegt,
um den Leser, ehe noch der Probirstein der Wahr=
heit ausgemacht ist und er also noch keinen hat,
für Sätze, die einer scharfen Prüfung bedürfen,
zum voraus einzunehmen, und nachher die Gültigkeit
des Probirsteins, der hintennach gewählt wird,
nicht, wie es doch seyn sollte, aus seiner eigenen
Beschaffenheit, sondern durch jene Sätze, an de=
nen er die Probe hält, (nicht die an ihm die Probe
halten) zu beweisen. Es ist ein künstliches ὑστερον
προτερον, welches absichtlich dazu helfen soll, der
Nachforschung der Elemente unserer Erkenntniß
a priori und des Grundes ihrer Gültigkeit in An=
sehung der Objecte, vor aller Erfahrung, mithin
der Deduction ihrer objectiven Realität, (als lang=
wierigen und schweren Bemühungen) mit guter
Manier auszuweichen, und, wo möglich, durch ei=
nen Federzug die Critik zu vernichten, zugleich
aber für einen unbegrenzten Dogmatism der rei=
nen Vernunft Platz zu machen. Denn bekanntlich
fängt die Critik des reinen Verstandes von dieser
Nachforschung an, welche die Auflösung der allge=
meinen Frage zum Zwecke hat: wie sind syntheti=
sche Sätze a priori möglich? und nur nach einer
mühvollen Erörterung aller dazu erforderlichen Be=

din=

dingungen kann sie zu dem entscheidenden Schlußsatze gelangen: daß keinem Begriffe seine objective
Realität anders gesichert werden könne, als so
fern er in einer ihm correspondirenden Anschauung
(die für uns jederzeit sinnlich ist) dargestellt werden kann, mithin über die Grenze der Sinnlichkeit,
folglich auch der möglichen Erfahrung hinaus, es
schlechterdings keine Erkenntniß, d. i. keine Begriffe, von denen man sicher ist, daß sie nicht leer
sind, geben könne. — Das Magazin fängt von
der Widerlegung dieses Satzes durch den Beweis
des Gegentheils an: nemlich daß es allerdings Erweiterung der Erkenntniß über Gegenstände der
Sinne hinaus gebe, und endigt mit der Untersuchung, wie dergleichen durch synthetische Sätze
a priori möglich sey.

Eigentlich besteht also die Handlung des ersten Bandes des Eberhardschen Magazins aus zwey
Acten. Im ersten soll die objective Realität unserer Begriffe des Nichtsinnlichen dargethan, im andern die Aufgabe, wie synthetische Sätze a priori
möglich sind, aufgelöset werden. Denn was den
Satz des zureichenden Grundes anlangt, den er
schon S. 163 — 166 vorträgt, so steht er da, um
die Realität des Begriffes vom Grunde in diesem
synthetischen Grundsatze auszumachen; er gehöret
aber, nach der eigenen Erklärung des Verfassers,
S. 316, auch zu der Nummer von den synthetischen
A 4   und

und analytischen Urtheilen, wo über die Möglichkeit synthetischer Grundsätze allererst etwas ausgemacht werden soll. Alles übrige, vorher oder dazwischen hin und her geredete, besteht aus Hinweisungen auf künftige, aus Berufungen auf vorhergehende Beweise, Anführung von Leibnitzens und anderer Behauptungen, aus Angriffen der Ausdrücke, gemeiniglich Verdrehungen ihres Sinnes, u. d. g.; recht nach dem Rathe, den Quintilian dem Redner in Ansehung seiner Argumente giebt, um seine Zuhörer zu überlisten: Si non possunt valere quia magna sunt, valebunt quia multa sunt — Singula levia sunt et communia, universa tamen nocent; etiamsi non ut fulmine, tamen ut grandine; welche nur in einem Nachtrage in Erwägung gezogen zu werden verdienen. Es ist schlimm mit einem Autor zu thun zu haben, der keine Ordnung kennnt, noch schlimmer aber mit dem, der eine Unordnung erkünstelt, um seichte oder falsche Sätze unbemerkt durchschlüpfen zu lassen.

Erster

Erster Abschnitt.

Ueber
die objective Realität derjenigen Begriffe, denen keine correspondirende sinnliche Anschauung gegeben werden kann,

nach Herrn Eberhard.

Zu dieser Unternehmung schreitet Herr Eberhard S. 157 — 158 mit einer Feyerlichkeit, die der Wichtigkeit derselben angemessen ist: spricht von seinen langen, von aller Vorliebe freyen, Bemühungen um eine Wissenschaft (die Metaphysik), die er als ein Reich betrachtet, von welchem, wenn es Noth thäte, ein beträchtliches Stück könne verlassen werden und doch immer noch ein weit beträchtlicheres Land übrig bleiben würde; spricht von Blumen und Früchten, die die unbestrittenen fruchtbaren Felder der Ontologie verheißen *), und muntert auf, auch in Ansehung der bestrittenen, der Cosmologie, die Hände nicht sinken zu lassen;

A 5   denn,

*) Das sind aber gerade diejenigen, deren Begriffe und Grundsätze, als Ansprüche auf eine Erkenntniß der Dinge überhaupt, bestritten und auf das sehr verengte Feld der Gegenstände möglicher Erfahrung eingeschränkt worden. Sich nun vor der Hand auf die den titulum possessionis betreffende Frage nicht einlassen zu wollen, verräth auf der Stelle einen Kunstgriff, dem Richter den eigentlichen Punct des Streits aus den Augen zu rücken.

denn, sagt er, „ wir können an ihrer Erweiterung
immer fortarbeiten, wir können sie immer mit
neuen Wahrheiten zu bereichern suchen, ohne uns
auf die transscendentale Gültigkeit dieser Wahrheiten (das soll hier so viel bedeuten, als die objective Realität ihrer Begriffe,) vor der Hand einzulassen,„, und nnn setzt er hinzu: „ Auf diese Art haben selbst Mathematiker die Zeichnung ganzer Wissenschaften vollendet, ohne von der Realität des
Gegenstandes derselben mit einem Worte Erwähnung zu thun.„, Er will, der Leser solle hierauf ja
recht aufmerksam seyn, indem er sagt: „ das läßt
sich mit einem merkwürdigen Beyspiele belegen,
mit einem Beyspiele, das zu treffend und zu
lehrreich ist, als daß ich es nicht sollte hier anführen dürfen.„ Ja wohl lehrreich; denn niemals ist
wol ein treffenderes Beyspiel zur Warnung gegeben worden, sich ja nicht auf Beweisgründe aus
Wissenschaften, die man nicht versteht, selbst nicht
auf den Ausspruch anderer berühmten Männer,
die davon blos Bericht geben, zu berufen; weil
zu erwarten ist, daß man diese auch nicht verstehe.
Denn kräftiger konnte Herr Eberhard sich selbst
und sein eben jetzt angekündigtes Vorhaben nicht
widerlegen, als eben durch das dem Borelli nach-
gesagte Urtheil über des Apollonius Conica.

Apollonius construirt zuerst den Begriff eines
Kegels, d. i. er stellt ihn a priori in der Anschauung

dar

dar (das ist nun die erste Handlung, wodurch der
Geometer die objective Realität seines Begriffs zum
voraus darthut). Er schneidet ihn nach einer bestimmten Regel, z. B. parallel mit einer Seite des
Triangels, der die Basis des Kegels (conus rectus)
durch die Spitze desselben rechtwinklig schneidet,
und beweiset an der Anschauung a priori die Eigenschaften der krummen Linie, welche durch jenen
Schnitt auf der Oberfläche dieses Kegels erzeugt
wird, und bringt so einen Begriff des Verhältnisses,
in welchem die Ordinaten derselben zum Parameter
stehen, heraus, welcher Begriff, nemlich (in diesem
Falle) der Parabel, dadurch in der Anschauung
a priori gegeben, mithin seine objective Realität,
d. i. die Möglichkeit, daß es ein Ding von den genannten Eigenschaften geben könne, auf keine andere Weise, als daß man ihm die correspondirende
Anschauung unterlegt, bewiesen wird. — Herr
Eberhard wollte beweisen: daß man seine Erkenntniß gar wohl erweitern und sie mit neuen Wahrheiten bereichern könne, ohne sich vorher darauf
einzulassen, ob sie nicht mit einem Begriffe umgehe,
der vielleicht ganz leer ist und gar keinen Gegenstand haben kann, (eine Behauptung, die dem
gesunden Menschenverstande geradezu widerstreitet)
und schlug sich zur Bestätigung seiner Meinung an
den Mathematiker. Unglücklicher konnte er sich
nicht adressiren. — Das Unglück aber kam daher,

her, daß er den Apollonius selbst nicht kannte, und
den Borelli, der über das Verfahren der alten
Geometer reflectirt, nicht verstand. Dieser spricht
von der mechanischen Construction der Begriffe von
Kegelschnitten, (außer dem Cirkel) und sagt: daß
die Mathematiker die Eigenschaften der letztern leh=
ren, ohne der erstern Erwähnung zu thun; eine
zwar wahre, aber sehr unerhebliche Anmerkung;
denn die Anweisung, eine Parabel nach Vorschrift
der Theorie zu zeichnen, ist nur für den Künstler,
nicht für den Geometer *). Herr Eberhard hätte
aus der Stelle, die er selbst aus der Anmerkung
des Borelli anführt und sogar unterstrichen hat,
sich hievon belehren können. Es heißt da: Subjectum enim *definitum* assumi potest, ut affectio-
nes variae de eo demonstrentur, licet praemissa
non sit ars, subjectum ipsum efformandum deli-
neandi.

*) Um den Ausdruck der Construction der Begriffe, von
der die Critik der reinen Vernunft vielfältig redet und
dadurch das Verfahren der Vernunft in der Mathe=
matik, von dem in der Philosophie, zuerst genau un=
terschieden hat, wider Misbrauch zu sichern, mag fol=
gendes dienen. In allgemeiner Bedeutung kann alle
Darstellung eines Begriffs durch die (selbstthätige)
Hervorbringung einer ihm correspondirenden Anschau=
ung Construction heißen. Geschieht sie durch die bloße
Einbildungskraft, einem Begriffe a priori gemäß, so
heißt sie die reine (dergleichen der Mathematiker allen
seinen Demonstrationen zum Grunde legen muß; da=
her er an einem Cirkel, den er mit seinem Stabe im
Sande

neandi. Es wäre aber höchst ungereimt vorzuge-
ben, er wolle damit sagen: der Geometer erwar-
tete allererst von dieser mechanischen Construction
den Beweis der Möglichkeit einer solchen Linie,
mithin die objective Realität seines Begriffs. Den
Neueren könnte man eher einen Vorwurf dieser Art
machen: Nicht daß sie die Eigenschaften einer krummen Linie aus der Definition derselben, ohne doch
wegen der Möglichkeit ihres Objects gesichert zu
seyn, ableiteten (denn sie sind mit derselben sich
zugleich der reinen blos schematischen Construction
vollkommen bewußt, und bringen auch die mechanische nach derselben, wenn es erfodert wird, zu
Stande), sondern daß sie sich eine solche Linie (z. B.
die Parabel durch die Formel $ax = y^2$) willkühr-
lich denken, und nicht, nach dem Beyspiele der alten Geometer, sie zuvor als im Schnitte des Ke-

gels

Sande beschreibt, so unregelmäßig er auch ausfalle, die
Eigenschaften eines Cirkels überhaupt so vollkommen
beweisen kann, als ob ihn der beste Künstler im Ku-
pferstiche gezeichnet hätte). Wird sie aber an irgend
einer Materie ausgeübt, so würde sie die empirische
Construction heißen können. Die erstere kann auch
die schematische, die zweyte die technische genannt werden. Die letztere und wirklich nur uneigentlich so genannte Construction (weil sie nicht zur Wissenschaft,
sondern zur Kunst gehört und durch Instrumente ver-
richtet wird) ist nun entweder die geometrische, durch
Cirkel und Lineal, oder die mechanische, wozu andere
Werkzeuge nöthig sind, wie zum Beyspiel die Zeichnung der übrigen Kegelschnitte außer dem Cirkel.

ßels gegeben herausbringen, welches der Eleganz
der Geometrie gemäßer seyn würde, um deren
willen man mehrmalen angerathen hat, über der
so erfindungsreichen analytischen Methode die syn=
thetische der Alten nicht so ganz zu verabsäumen.

Nach dem Beyspiele also, nicht der Mathe=
matiker, sondern jenes künstlichen Mannes, der
aus Sand einen Strick drehen konnte, geht Herr
Eberhard auf folgende Art zu Werke.

Er hatte schon im 1sten Stück seines Maga=
zins die Principien der Form der Erkenntniß, wel=
che der Satz des Widerspruchs und des zureichen=
den Grundes seyn sollen, von denen der Materie
derselben (nach ihm Vorstellung und Ausdehnung),
deren Princip er in dem Einfachen setzt, woraus
sie bestehen, unterschieden, und jetzt sucht er, da
ihm niemand die transscendentale Gültigkeit des
Satzes des Widerspruchs streitet, erstlich die des
Satzes vom zureichenden Grunde und hiemit die
objective Realität des letztern Begriffs, zweytens
auch Realität des Begriffs von einfachen Wesen
darzuthun, ohne, wie die Critik verlangt, sie
durch eine correspondirende Anschauung belegen zu
dürfen. Denn, was wahr ist, davon darf nicht
allererst gefragt werden, ob es möglich sey, und
so fern hat die Logik den Grundsatz: ab esse ad

posse

poſſe valet conſequentia, mit der Metaphyſik gemein, oder leihet ihr vielmehr denſelben. — Dieſer Eintheilung gemäß wollen wir nun auch unſere
Prüfung eintheilen.

A.

Beweis der objectiven Realität des Begriffs
vom zureichenden Grunde, nach Herrn
Eberhard.

Zuerſt iſt wohl zu bemerken: daß Herr Eberhard
den Satz des zureichenden Grundes blos zu den formalen Principien der Erkenntniß gezählt wiſſen will,
und dann doch S. 160 es als eine Frage anſieht,
welche durch die Critik veranlaßt werde: „ob er
auch transſcendentale Gültigkeit habe,, (überhaupt
ein transſcendentales Princip ſey). Herr Eberhard
muß entweder gar keinen Begriff vom Unterſchiede
eines logiſchen (formalen) und transſcendentalen
(materiellen) Princips der Erkenntniß haben, oder,
welches wahrſcheinlicher iſt, dieſes iſt eine von ſeinen künſtlichen Wendungen, um, ſtatt deſſen, wovon die Frage iſt, etwas anderes unterzuſchieben,
wornach kein Menſch frägt.

Ein jeder Satz muß einen Grund haben, iſt
das logiſche (formale) Princip der Erkenntniß,
welches dem Satze des Widerſpruchs nicht beyge-
ſellet,

fellet, sondern untergeordnet ist *). Ein jedes Ding
muß seinen Grund haben, ist das transscendentale
(materielle) Princip, welches kein Mensch aus dem
Satze des Widerspruchs (und überhaupt aus bloßen
Begriffen, ohne Beziehung auf sinnliche Anschauung) jemals bewiesen hat, noch beweisen wird.
Es ist ja offenbar genug und in der Critik unzäh-
lige mal gesagt worden, daß ein transscendentales Princip über die Objecte und ihre Möglichkeit
etwas a priori bestimmen müsse, mithin nicht, wie
die logischen Principien thun, (indem sie von allem,

was

---

*) Die Critik hat den Unterschied zwischen problemati-
schen und assertorischen Urtheilen angemerkt. Ein
assertorisches Urtheil ist ein Satz. Die Logiker thun
gar nicht recht daran, daß sie einen Satz durch ein
mit Worten ausgedrucktes Urtheil definiren; denn
wir müssen uns auch zu Urtheilen, die wir nicht für
Sätze ausgeben, in Gedanken der Worte bedienen.
In dem bedingten Satze: Wenn ein Körper einfach
ist, so ist er unveränderlich, ist ein Verhältniß zweyer
Urtheile, deren keiner ein Satz ist, sondern nur die
Consequenz des letzteren (des consequens) aus dem
ersteren (antecedens) macht den Satz aus. Das Urtheil: Einige Körper sind einfach, mag immer widersprechend seyn, es kann gleichwol doch aufgestellt werden, um zu sehen, was daraus folgte, wenn es als
Assertion, d. i. als Satz, ausgesagt würde. Das as-
sertorische Urtheil: ein jeder Körper ist theilbar, sagt
mehr, als das blos problematische, (man denke sich,
ein jeder Körper sey theilbar 2c.) und steht unter dem
allgemeinen logischen Princip der Sätze, nemlich ein
jeder Satz muß gegründet (nicht ein blos mögliches
Urtheil) seyn, welches aus dem Satze des Widerspruchs
folgt, weil jener sonst kein Satz seyn würde.

was die Möglichkeit des Objects betrifft, gänzlich
abstrahiren,) blos die formalen Bedingungen der
Urtheile betreffe.   Aber Herr Eberhard wollte
S. 163 seinen Satz unter der Formel: Alles hat
einen Grund, durchsetzen, und indem er (wie aus
dem von ihm daselbst angeführten Beyspiel zu er=
sehen ist.) den in der That materiellen Grundsatz
der Caussalität vermittelst des Satzes des Wider=
spruchs einschleichen lassen wollte, bedient er sich
des Worts Alles, und hütet sich wohl zu sagen: ein
jedes Ding, weil es da gar zu sehr in die Augen ge=
fallen wäre, daß es nicht ein formaler und logi=
scher, sondern materialer und transscendentaler
Grundsatz der Erkenntniß sey, der schon in der Lo=
gik (wie jeder Grundsatz, der auf dem Satze des
Widerspruchs beruht) seinen Platz haben kann.

Daß er aber darauf dringt, diesen transscenden=
talen Grundsatz ja aus dem Satze des Widerspruchs
zu beweisen, das thut er gleichfalls nicht ohne reife
Ueberlegung, und mit einer Absicht, die er doch dem
Leser gern verbergen möchte.   Er will den Begriff
des Grundes (mit ihm auch unvermerkt den Be=
griff der Caussalität) für alle Dinge überhaupt
geltend machen, d. i. seine objective Realität be=
weisen, ohne diese blos auf Gegenstände der
Sinne einzuschränken, und so der Bedingung aus=
weichen, welche die Critik hinzufügt, daß er nem=
lich noch einer Anschauung bedürfe, wodurch diese

Realität allererst erweislich sey. Nun ist klar,
daß der Satz des Widerspruchs ein Princip ist,
welches von allem überhaupt gilt, was wir nur
denken mögen, es mag ein sinnlicher Gegenstand
seyn und ihm eine mögliche Anschauung zukommen,
oder nicht; weil er vom Denken überhaupt, ohne
Rücksicht auf ein Object, gilt. Was also mit diesem Princip nicht bestehen kann, ist offenbar nichts
(gar nicht einmal ein Gedanke). Wollte er also
die objective Realität des Begriffs vom Grunde
einführen, ohne sich doch durch die Einschränkung
auf Gegenstände sinnlicher Anschauung binden zu
lassen, so mußte er das Princip, was vom Denken
überhaupt gilt, dazu brauchen, den Begriff des
Grundes, diesen aber auch so stellen, daß, ob er
zwar in der That blos logische Bedeutung hat, dabey doch schiene die Realgründe (mithin den der Caussalität) unter sich zu befassen. Er hat aber dem
Leser mehr treuherzigen Glauben zugetraut, als
sich bey ihm, auch bey der mittelmäßigsten Urtheils-
kraft, voraus setzen läßt.

Allein, wie es bey Listen zuzugehen pflegt,
so hat sich Herr Eberhard durch die seinige selbst
verwickelt. Vorher hatte er die ganze Metaphysik an zwey Thürangeln gehangen: den Satz
des Widerspruchs, und den des zureichenden Grundes; und er bleibt durchgängig bey dieser seiner Behauptung, indem er, Leibnitzen (nemlich nach der
Art,

Art, wie er ihn auslegt) zu Folge, den ersten durch
den zweyten zum Behuf der Metaphysik ergänzen
zu müssen vorgiebt. Nun sagt er S. 163: „Die
allgemeine Wahrheit des Satzes des zureichenden
Grundes kann nur aus diesem (dem Satze des Wi=
derspruchs) demonstrirt werden,, welches er denn
gleich darauf muthig unternimmt. So hängt ja
aber alsdenn die ganze Metaphysik wiederum nur
an einem Angel, da es vorher zwey seyn sollten;
denn die bloße Folgerung aus einem Princip, ohne
daß im mindesten eine neue Bedingung der Anwen=
dung hinzukäme, sondern in der ganzen Allgemein=
heit desselben, ist ja kein neues Princip, welches
die Mangelhaftigkeit des vorigen ergänzte!

Ehe Herr Eberhard aber diesen Beweis des
Satzes vom zureichenden Grunde (mit ihm eigent=
lich die objective Realität des Begriffs einer Ur=
sache, ohne doch etwas mehr als den Satz des
Widerspruchs zu bedürfen) aufstellt, spannt er die
Erwartung des Lesers durch einen gewissen Pomp
der Eintheilung S. 161 — 162 und zwar wie=
derum durch Vergleichung seiner Methode mit der
der Mathematiker, welche ihm aber jederzeit ver=
unglückt. Euclides selbst soll „unter seinen Axio=
men Sätze haben, die wol noch eines Beweises be=
dürfen, die aber ohne Beweis vorgetragen werden.,,
Nun setzt er, indem er vom Mathematiker redet,
hinzu: „So bald man ihm eines von seinen Axio=

B 2   men

nen leugnet: so fallen freylich auch alle Lehrsätze,
die von demselben abhangen. Das ist aber ein so
seltener Fall, daß er nicht glaubt, ihm die unver=
wickelte Leichtigkeit seines Vortrages und die schö=
nen Verhältnisse seines Lehrgebäudes aufopfern zu
müssen. Die Philosophie muß gefälliger seyn.„
Es giebt also doch jetzt auch eine licentria geome-
trica, so wie es längst eine licentia poetica gege=
ben hat. Wenn doch die gefällige Philosophie (im
Beweisen, wie gleich darauf gesagt wird) auch so
gefällig gewesen wäre, ein Beyspiel aus dem Euclid
anzuführen, wo er einen Satz, der mathematisch er=
weislich ist, als Axiom aufstelle; denn, was blos
philosophisch (aus Begriffen) bewiesen werden kann,
z. B. das Ganze ist größer als sein Theil, davon
gehört der Beweis nicht in die Mathematik, wenn
ihre Lehrart nach aller Strenge eingerichtet ist.

Nun folgt die verheißene Demonstration.
Es ist gut, daß sie nicht weitläuftig ist; um desto
mehr fällt ihre Bündigkeit in die Augen. Wir
wollen sie also ganz hersetzen. „Alles hat entwe=
der einen Grund, oder nicht alles hat einen Grund.
Im letztern Falle könnte also etwas möglich und
denkbar seyn, dessen Grund Nichts wäre. —
Wenn aber von zwey entgegengesetzten Dingen
Eines ohne zureichenden Grund seyn könnte: so
könnte auch das Andere von den beiden Entgegen=
gesetzten ohne zureichenden Grund seyn. Wenn
z. B.

z. B. eine Portion Luft sich gegen Osten bewegen
und der Wind gegen Osten wehen könnte, ohne
daß im Osten die Luft wärmer und verdünnter
wäre, so würde diese Portion Luft sich eben so gut
gegen Westen bewegen können, als gegen Osten;
dieselbe Luft würde sich also zugleich nach zwey entgegengesetzten Richtungen bewegen können, nach
Osten und Westen zu, und also gegen Osten und
nicht gegen Osten, d. i. es könnte etwas zugleich
seyn und nicht seyn, welches widersprechend und
unmöglich ist.„

Dieser Beweis, durch den sich der Philosoph
für die Gründlichkeit noch gefälliger bezeigen soll,
als selbst der Mathematiker, hat alle Eigenschaften, die ein Beweis haben muß, um in der Logik
zum Beyspiele zu dienen, — wie man nicht beweisen
soll. — Denn Erstlich ist der zu „beweisende
Satz zweydeutig gestellt, so, daß man aus ihm
einen logischen, oder auch transscendentalen Grundsatz machen kann, weil das Wort Alles ein jedes
Urtheil, welches wir als Satz irgend wovon fällen,
oder auch ein jedes Ding bedeuten kann. Wird
er in der ersten Bedeutung genommen (da er so
lauten müßte: ein jeder Satz hat seinen Grund)
so ist er nicht allein allgemein wahr, sondern auch
unmittelbar aus dem Satze des Widerspruchs gefolgert; dieses würde aber, wenn unter Alles ein

B 3

jedes

jedes Ding verstanden würde, eine ganz andere Beweisart erfodern.

Zweytens fehlt dem Beweise Einheit. Er besteht aus zwey Beweisen. Der erste ist der bekandte Baumgartensche Beweis, auf den sich jetzt wol niemand mehr berufen wird, und der, da, wo ich den Gedanken=Strich gezogen habe, völlig zu Ende ist, außer daß die Schlußformel fehlt, (welches sich widerspricht) die aber ein jeder hinzu= denken muß. Unmittelbar hierauf folgt ein an= derer Beweis, der durch das Wort aber als ein bloßer Fortgang in der Kette der Schlüsse, um zum Schlußsatze des ersteren zu gelangen, vorge= tragen wird, und doch, wenn man das Wort aber wegläßt, allein einen für sich bestehenden Beweis ausmacht; wie er denn auch mehr bedarf, um in dem Satze, daß etwas ohne Grund sey, einen Widerspruch zu finden, als der erstere, welcher ihn unmittelbar in diesem Satze selbst fand: Da dieser hingegen noch den Satz hinzusetzen muß, daß nemlich alsdenn auch das Gegentheil dieses Dinges ohne Grund seyn würde, um einen Wider= spruch herauszukünsteln, folglich ganz anders als der Baumgartensche Beweis geführt wird, der doch von ihm ein Glied seyn sollte.

Drittens ist die neue Wendung, die Herr Eberhard seinem Beweise zu geben gedachte, S. 161 sehr verunglückt; denn der Vernunftschluß, durch

den

ben dieser sich wendet, geht auf vier Füßen. ——
Er lautet, wenn man ihn in syllogistische Form
bringt, so:

Ein Wind, der sich ohne Grund nach Osten
bewegt, konnte sich (statt dessen) eben so gut nach
Westen bewegen:

Nun bewegt sich (wie der Gegner des Satzes
des zureichenden Grundes vorgiebt) der Wind ohne
Grund nach Osten.

Folglich kann er sich zugleich nach Osten und
Westen bewegen; (Welches sich widerspricht).
Daß ich mit völligem Fug und Recht in den Ober=
satz die Worte: statt dessen, einschalte, ist klar;
denn, ohne diese Einschränkung im Sinne zu ha=
ben, kann niemand den Obersatz einräumen.
Wenn jemand eine gewisse Summe auf einen Glücks=
wurf setzt und gewinnt, so kann der, welcher ihm
das Spiel abrathen will, gar wohl sagen: er hätte
eben so gut einen Fehler werfen und so viel verlie=
ren können, aber nur anstatt des Treffers, nicht
Fehler und Treffer in demselben Wurfe zugleich.
Der Künstler, der aus einem Stück Holz einen
Gott schnitzte, konnte eben so gut (statt dessen)
eine Bank daraus machen; aber daraus folgt nicht,
daß er beides zugleich daraus machen konnte.

Viertens ist der Satz selber, in der unbe=
schränkten Allgemeinheit, wie er da steht, wenn
er von Sachen gelten soll, offenbar falsch; denn

B 4   nach

nach demſelben würde es ſchlechterdings nichts Un=
bedingtes geben; dieſer Ungemächlichkeit aber da=
durch ausweichen zu wollen, daß man vom Urwe=
ſen ſagt, es habe zwar auch einen Grund ſeines
Daſeyns, aber der liege in ihm ſelber, iſt ein Wi=
derſpruch: weil der Grund des Daſeyns eines
Dinges, als Realgrund, jederzeit von dieſem
Dinge unterſchieden ſeyn, und dieſes alsdann noth=
wendig als von einem anderen abhängig gedacht
werden muß. Von einem Satze kann ich wol
ſagen, er habe den Grund (den logiſchen) ſeiner
Wahrheit in ſich ſelbſt, weil der Begriff des Sub=
jects etwas anderes, als der des Prädicats iſt,
und von dieſem den Grund enthalten kann; dage=
gen, wenn ich von dem Daſeyn eines Dinges kei=
nen anderen Grund anzunehmen erlaube, als die=
ſes Ding ſelber, ſo will ich damit ſagen, es habe
weiter keinen realen Grund.

Herr Eberhard hat alſo nichts von dem zu
Stande gebracht, was er in Abſicht auf den Be=
griff der Cauſſalität bewirken wollte, nemlich dieſe
Categorie, und muthmaßlich mit ihr auch die übrigen,
von Dingen überhaupt geltend zu machen, ohne
ſeine Gültigkeit und Gebrauch zum Erkenntniß der
Dinge auf Gegenſtände der Erfahrung einzuſchrän=
ken, und hat ſich vergeblich zu dieſem Zwecke des
ſouverainen Grundſatzes des Widerſpruchs bedient.
Die Behauptung der Critik ſteht immer feſt: daß
keine

keine Categorie die mindeste Erkenntniß enthalte,
oder hervorbringen könne, wenn ihr nicht eine cor=
respondirende Anschauung, die für uns Menschen
immer sinnlich ist, gegeben werden kann, mithin
mit ihrem Gebrauch in Absicht auf theoretische Er=
kenntniß der Dinge niemals über die Grenze aller
möglichen Erfahrung hinaus reichen könne.

B.

Beweis der objectiven Realität des Begriffs
vom Einfachen an Erfahrungsgegenständen,
nach Herrn Eberhard.

Vorher hatte Herr Eberhard von einem Ver=
standesbegriffe, der auch auf Gegenstände der
Sinne angewandt werden kann (dem der Caussa=
lität), aber doch als einem solchen geredet, der,
auch ohne auf Gegenstände der Sinne eingeschränkt
zu seyn, von Dingen überhaupt gelten könne, und
so die objective Realität wenigstens einer Categorie,
nemlich der Ursache, unabhängig von Bedingungen
der Anschauung, zu beweisen vermeint. Jetzt geht
er S. 169 — 173 einen Schritt weiter und will
selbst einem Begriffe von dem, was geständlich gar
nicht Gegenstand der Sinne seyn kann, nemlich
dem eines einfachen Wesens, die objective Reali=
tät sichern, und so den Zugang zu den von ihm ge=
priesenen fruchtbaren Feldern der rationalen Psy=

B 5   cholo=

chologie, und Theologie, von dem sie das Medu=
senhaupt der Critik zurück schrecken wollte, frey er=
öffnen. Sein Beweis S. 169.— 170 lautet so:

„Die concrete *) Zeit, oder die Zeit, die wir
empfinden, (sollte wol heißen, in der wir etwas
empfin=

---

*) Der Ausdruck einer abstracten Zeit S. 170 im Ge=
gensatz des hier vorkommenden, der concreten Zeit,
ist ganz unrichtig, und muß billig niemals, vornehm=
lich wo es auf die größte logische Pünctlichkeit an=
kommt, zugelassen werden, wenn dieser Mißbrauch
gleich selbst durch die neueren Logiker authorisiret wor=
den. Man abstrahirt nicht einen Begriff als ge=
meinsames Merkmal, sondern man abstrahirt in dem
Gebrauche eines Begriffs von der Verschiedenheit des=
jenigen, was unter ihm enthalten ist. Die Chemiker
sind allein im Besitz, etwas zu abstrahiren, wenn sie
eine Flüssigkeit von anderen Materien ausheben, um
sie besonders zu haben; der Philosoph abstrahirt von
demjenigen, worauf er in einem gewissen Gebrauche
des Begriffs nicht Rücksicht nehmen will. Wer Erzie=
hungsregeln entwerfen will, kann es thun so, daß er
entweder blos den Begriff eines Kindes in abstracto,
oder eines bürgerlichen Kindes (in concreto) zum
Grunde legt, ohne von dem Unterschiede des abstracten
und concreten Kindes zu reden. Die Unterschiede von
abstract und concret gehen nur den Gebrauch der Be=
griffe, nicht die Begriffe selbst an. Die Vernachlässi=
gung dieser scholastischen Pünctlichkeit verfälscht öfters
das Urtheil über einen Gegenstand. Wenn ich sage, die
abstracte Zeit oder Raum haben diese oder jene Eigen=
schaften, so läßt es, als ob Zeit und Raum an den
Gegenständen der Sinne, so wie die rothe Farbe am
Rosen, dem Zinnober u. s. w. zuerst gegeben und nur
logisch daraus extrahirt würden. Sage ich aber:
an Zeit und Raum in abstracto betrachtet, d. i. vor
allen

empfinden) ist nichts anders, als die Succession
unserer Vorstellungen; denn auch die Succession in
der Bewegung läßt sich auf die Succession der Vor=
stellungen zurückbringen.   Die concrete Zeit ist also
etwas Zusammengesetztes; ihre einfache Elemente
sind Vorstellungen.   Da alle endliche Dinge in ei=
nem beständigen Flusse sind (woher weiß er dieses
a priori von allen endlichen Dingen und blos von
Erscheinungen zu sagen?): so können diese Ele=
mente nie empfunden werden, der innere Sinn
kann sie nie abgesondert empfinden; sie werden im=
mer als etwas empfunden, das vorhergeht und
nachfolgt.   Da ferner der Fluß der Veränderun=
gen aller endlichen Dinge ein stetiger (dieses Wort
ist von ihm selbst angestrichen) ununterbrochener,
Fluß

allen empirischen Bedingungen, sind diese oder jene
Eigenschaften zu bemerken, so behalte ich es mir we=
nigstens noch offen, diese auch als unabhängig von der
Erfahrung (a priori) erkennbar anzusehen, welches
mir, wenn ich die Zeit als einen von dieser blos abstra=
hirten Begriff ansehe, nicht frey steht. Ich kann im
ersteren Falle von der reinen Zeit und Raume, zum
Unterschiede der empirisch bestimmten, durch Grund=
sätze a priori urtheilen, wenigstens zu urtheilen versu=
chen, indem ich von allem Empirischen abstrahire, wel=
ches mir im zweyten Falle, wenn ich diese Begriffe
selber (wie man sagt) nur von der Erfahrung abstra=
hirt habe, (wie im obigen Beyspiele von der rothen
Farbe) verwehrt ist. — So müssen sich die, welche
mit ihrem Scheinwissen der genauen Prüfung gern
entgehen wollen, hinter Ausdrücke verstecken, welche
das Einschleichen desselben unbemerkt machen können.

Fluß ist: so ist kein empfindbarer Theil der Zeit
der Kleinste, oder ein völlig einfacher. Die einfachen Elemente der concreten Zeit liegen also völlig
außerhalb der Sphäre der Sinnlichkeit. — Ueber
diese Sphäre der Sinnlichkeit erhebt sich nun aber
der Verstand, indem er das unbildliche Einfache
entdeckt, ohne welches das Bild der Sinnlichkeit
auch in Ansehung der Zeit nicht möglich ist. Er
erkennet also, daß zu dem Bilde der Zeit zuvör-
derst etwas Objectives gehöre, diese untheilbaren
Elementarvorstellungen, welche zugleich mit den
subjectiven Gründen, die in den Schranken des
endlichen Geistes liegen, für die Sinnlichkeit das
Bild der concreten Zeit geben. Denn vermöge dieser Schranken können diese Vorstellungen nicht zugleich seyn, und, vermöge eben dieser Schranken,
können sie in dem Bilde nicht unterschieden werden.„
Seite 171 heißt es vom Raume: „Die vielseitige
Gleichartigkeit der anderen Form der Anschauung,
des Raums, mit der Zeit, überhebt uns der Mühe,
von der Zergliederung derselben alles das zu wie-
derholen, was sie mit der Zergliederung der Zeit
gemein hat, — die ersten Elemente des Zusammengesetzten, mit welchem der Raum zugleich da
ist, sind eben so wohl, wie die Elemente der Zeit,
einfach und außer dem Gebiete der Sinnlichkeit;
sie sind Verstandeswesen, unbildlich, sie können
unter keiner sinnlichen Form angeschauet werden;
                                        ... sie

sie sind aber dem ungeachtet wahre Gegenstände; das Alles haben sie mit den Elementen der Zeit gemein. „

Herr Eberhard hat seine Beweise, wenn gleich nicht mit besonders glücklicher logischen Bündigkeit, doch allemal mit reifer Ueberlegung und Gewandtheit zu seiner Absicht gewählt, und wiewol er, aus leicht zu errathenden Ursachen, diese eben nicht entdeckt, so ist es doch nicht schwer und für die Beurtheilung derselben nicht überflüssig, den Plan derselben ans Licht zu bringen. Er will die objective Realität des Begriffs von einfachen Wesen, als reiner Verstandeswesen, beweisen, und sucht sie in den Elementen desjenigen, was Gegenstand der Sinne ist; ein dem Ansehen nach unüberlegter und seiner Absicht widersprechender Anschlag. Allein er hatte seine gute Gründe dazu. Hätte er seinen Beweis allgemein aus bloßen Begriffen führen wollen, wie gewöhnlicher Weise der Satz bewiesen wird, daß die Urgründe des Zusammengesetzten nothwendig im Einfachen gesucht werden müssen, so würde man ihm dieses eingeräumt, aber zugleich hinzugesetzt haben: Daß dieses zwar von unseren Ideen, wenn wir uns Dinge an sich selbst denken wollen, von denen wir aber nicht die mindeste Kenntniß bekommen können, keinesweges aber von Gegenständen der Sinne (den Erscheinungen) gelte, welche allein die für uns erkennbaren

Ob=

Objecte sind, mithin die objective Realität jenes
Begriffs gar nicht bewiesen sey. Er mußte also,
selbst wider Willen, jene Verstandeswesen in Ge=
genständen der Sinne suchen. Wie war da nun
herauszukommen? Er mußte dem Begriffe des
Nichtsinnlichen durch eine Wendung, die er den Le=
ser nicht recht merken läßt, eine andere Bedeutung
geben, als die, welche nicht allein die Critik, son=
dern überhaupt jedermann damit zu verbinden
pflegt. Bald heißt es, es sey dasjenige an der
sinnlichen Vorstellung, was nicht mehr mit Be=
wußtseyn empfunden wird, wovon aber doch der
Verstand erkennt, daß es dasey, so wie die kleinen
Theile der Körper, oder auch der Bestimmungen
unseres Vorstellungsvermögens, die man abgeson=
dert sich nicht klar vorstellt: bald aber (hauptsäch=
lich wenn es darauf ankommt, daß jene kleine
Theile präcis als einfach gedacht werden sollen)
es sey das Unbildliche, wovon kein Bild möglich
ist, was unter keiner sinnlichen Form S. 171
(nemlich einem Bilde) vorgestellt werden kann. —
Wenn jemals einem Schriftsteller Verfälschung ei=
nes Begriffs (nicht Verwechselung, die auch un=
vorsetzlich seyn kann) mit Recht ist vorgeworfen
worden, so ist es in diesem Falle. Denn unter
dem Nichtsinnlichen wird allerwärts in der Critik
nur das verstanden, was gar nicht, auch nicht
dem mindesten Theile nach, in einer sinnlichen

An=

Anschauung enthalten seyn kann, und es ist eine absichtliche Berückung des ungeübten Lesers, ihm etwas am Sinnenobjecte dafür unterzuschieben, weil sich von ihm kein Bild (worunter eine Anschauung, die ein Mannigfaltiges in gewissen Verhältnissen, mithin eine Gestalt in sich enthält, verstanden wird) geben läßt. Hat diese (nicht sehr feine) Täuschung bey ihm angeschlagen, so glaubt er, das Eigentlicheinfache, was der Verstand sich an Dingen denkt, die blos in der Idee angetroffen werden, sey ihm nun (ohne daß er den Widerspruch bemerkt) an Gegenständen der Sinne gewiesen und so die objective Realität dieses Begriffs an einer Anschauung dargethan worden. — Jetzt wollen wir den Beweis in ausführlichere Prüfung ziehen.

Der Beweis gründet sich auf zwey Angaben: Erstlich, daß die concrete Zeit und Raum aus einfachen Elementen bestehen: Zweytens, daß diese Elemente gleichwol nichts Sinnliches, sondern Verstandeswesen sind. Diese Angaben sind zugleich eben so viel Unrichtigkeiten, die erste, weil sie der Mathematik, die zweyte, weil sie sich selbst widerspricht.

Was die erste Unrichtigkeit betrifft, so können wir dabey kurz seyn. Obgleich Herr Eberhard mit den Mathematikern (ungeachtet seiner öfteren Anführung derselben) in keiner sonderlichen Bekantschaft zu stehen scheint, so wird er doch wol

den

den Beweis, den Keil in seiner introductio in veram physicam durch die bloße Durchschneidung einer geraden Linie von unendlich vielen andern führt, verständlich finden, und daraus ersehen: daß es keine einfache Elemente derselben geben könne, nach dem bloßen Grundsatze der Geometrie: daß durch zwey gegebene Puncte nicht mehr als eine gerade Linie gehen könne. Diese Beweisart kann noch auf vielfache Art variirt werden, und begreift zugleich den Beweis der Unmöglichkeit einfache Theile in der Zeit anzunehmen, wenn man die Bewegung eines Puncts in einer Linie zum Grunde legt. — Nun kann man hier nicht die Ausflucht suchen, die concrete Zeit und der concrete Raum sey demjenigen nicht unterworfen, was die Mathematik von ihrem abstracten Raume (und Zeit) als einem Wesen der Einbildung beweiset. Denn nicht allein, daß auf diese Art die Physik in sehr vielen Fällen (z. B. in den Gesetzen des Falles der Körper) besorgt werden müße in Irrthum zu gerathen, wenn sie den apodictischen Lehren der Geometrie genau folgt, so läßt sich eben so apodictisch beweisen, daß ein jedes Ding im Raume, eine jede Veränderung in der Zeit, so bald sie einen Theil des Raumes oder der Zeit einnehmen, grade in so viel Dinge und in so viel Veränderungen getheilt werden, als in die der Raum oder die Zeit, welche sie einnahmen, getheilt werden.

Um

Um auch das Paradoxe zu heben, welches man hiebey fühlt, (indem die Vernunft, welche allem Zusammengesetzten zuletzt das Einfache zum Grunde zu
legen bedarf, sich daher dem, was die Mathematik an der sinnlichen Anschauung beweiset, wider-
setzt,) kann und muß man einräumen, daß Raum
und Zeit bloße Gedankendinge und Wesen der Einbildungskraft sind, nicht welche durch die letztere
gedichtet werden, sondern welche sie allen ihren Zu-
sammensetzungen und Dichtungen zum Grunde legen
muß, weil sie die wesentliche Form unserer Sinnlichkeit und der Receptivität derer Anschauungen
sind, dadurch uns überhaupt Gegenstände gegeben
werden, und deren allgemeine Bedingungen nothwendig zugleich Bedingungen a priori der Möglichkeit aller Objecte der Sinne, als Erscheinungen,
seyn und mit diesen also übereinstimmen müssen.
Das Einfache also, in der Zeitfolge wie im Raum,
ist schlechterdings unmöglich, und wenn Leibnitz zu-
weilen sich so ausgedrückt hat, daß man seine Lehre
vom einfachen Wesen bisweilen so auslegen konnte,
als ob er die Materie daraus zusammengesetzt wissen wollte, so ist es billiger, ihn, so lange es mit
seinen Ausdrücken vereinbar ist, so zu verstehen, als
ob er unter dem Einfachen nicht einen Theil der
Materie, sondern den ganz über alles Sinnliche
hinausliegenden uns völlig unerkennbaren Grund
der Erscheinung, die wir Materie nennen, meyne-

C   (wel-

(welcher allenfalls auch ein einfaches Wesen seyn
mag, wenn die Materie, welche die Erscheinung
ausmacht, ein Zusammengesetztes ist,) oder, läßt es
sich damit nicht vereinigen, man selbst von Leibnitzens Außspruche abgehen müsse. Denn er ist
nicht der erste, wird auch nicht der letzte große
Mann seyn, der sich diese Freyheit anderer im Un-
tersuchen gefallen lassen muß.

Die zweyte Unrichtigkeit betrifft einen so offen-
baren Widerspruch, daß Herr Eberhard ihn nothwendig bemerkt haben muß, aber ihn so gut, wie
er konnte, verklebt und übertüncht hat, um ihn un-
merklich zu machen: nemlich daß das Ganze einer
empirischen Anschauung innerhalb, die einfachen
Elemente derselben Anschauung aber völlig außerhalb der Sphäre der Sinnlichkeit liegen. Er will
nemlich nicht, daß man das Einfache als Grund
zu den Anschauungen im Raume und der Zeit hinzu
vernünftele (wodurch er sich der Critik zu sehr ge-
nähert haben würde), sondern an den Elementarvorstellungen der sinnlichen Anschauung selbst (ob
zwar ohne klares Bewußtseyn) antreffe, und verlangt,
daß das Zusammengesetzte aus denselben ein Sinnenwesen, die Theile desselben aber keine Gegenstände der Sinne, sondern Verstandswesen seyn
sollen. „Den Elementen der concreten Zeit (und
so auch eines solchen Raumes) fehlt dieses Anschauen-
de nicht‚‚ sagt er S. 170; gleichwol „können sie

(S.

(S. 171.) unter keiner sinnlichen Form angeschauet werden. „

Zuerst, was bewegte Herrn Eberhard zu einer solchen seltsamen und als ungereimt in die Augen fallenden Verwickelung? Er sah selbst ein, daß, ohne einem Begriffe eine correspondirende Anschauung zu geben, seine objective Realität völlig unausgemacht sey. Da er nun die letztern gewissen Vernunftbegriffen, wie hier dem Begriffe eines einfachen Wesens, sichern wollte, und zwar so, daß dieses nicht etwa ein Object würde, von dem (wie die Critik behauptet) weiter schlechterdings kein Erkenntniß möglich sey, in welchem Falle jene Anschauung, zu deren Möglichkeit jenes übersinnliche Object gedacht wird, für bloße Erscheinung gelten müßte, welches er der Critik gleichfalls nicht einräumen wollte, so mußte er die sinnliche Anschauung aus Theilen zusammensetzen, die nicht sinnlich sind, welches ein offenbarer Widerspruch ist *).

C 2   Wie

*) Man muß hier wohl bemerken, daß er jetzt die Sinnlichkeit nicht in der bloßen Verworrenheit der Vorstellungen gesetzt haben will, sondern zugleich darin, daß ein Object den Sinnen gegeben sey (S. 299.), gerade als ob er dadurch etwas zu seinem Vortheil ausgerichtet hätte. S. 170. hatte er die Vorstellung der Zeit zur Sinnlichkeit gerechnet, weil ihre einfache Theile, wegen der Schranken des endlichen Geistes, nicht unterschieden werden können (jene Vorstellung also verworren ist). Nachher (S. 299.) will er doch diesen Begriff etwas enger machen, damit er den gegründeten Einwürfen

Wie hilft sich aber Herr Eberhard aus dieser
Schwierigkeit? Das Mittel dazu ist ein bloßes Spiel
mit Worten, die durch ihren Doppelsinn einen Augen=
blick hinhalten sollen. Ein nicht=empfindbarer Theil
ist völlig außerhalb der Sphäre der Sinnlichkeit;
nicht = empfindbar aber ist, was nie abgesondert
empfunden werden kann, und dieses ist das Einfache,
in Dingen sowol als unseren Vorstellungen. Das
zweyte Wort, welches aus den Theilen einer Sin=
nenvorstellung oder ihres Gegenstandes Verstandes=
wesen machen soll, ist das unbildliche Einfache.
Dieser Ausdruck scheint ihm am besten zu gefallen;
denn er braucht ihn in der Folge am häufigsten.
Nicht empfindbar seyn und doch einen Theil vom
Empfindbaren ausmachen, schien ihm selbst zu auf=
fallend = widersprechend, um dadurch den Begriff
des Nichtsinnlichen in die sinnliche Anschauung zu
spielen.

Ein nicht empfindbarer Theil bedeutet hier
einen Theil einer empirischen Anschauung, d. i. des=
sen Vorstellung man sich nicht bewußt ist. Herr
Eberhard will mit der Sprache nicht heraus; denn,
hätte er die letztere Erklärung davon gegeben, so
würde er zugestanden haben, daß bey ihm Sinnlich=

                                             keit

---

würfen dawider ausweichen könne, und setzt jene Bedin=
gung hinzu, die ihm gerade die nachtheiligste ist, weil
er einfache Wesen als Verstandeswesen beweisen woll=
te, und so in seine eigene Behauptung einen Wider=
spruch hineinbringt.

keit nichts anders als der Zustand verworrener Vorstellungen in einem Mannigfaltigen der Anschauung
sey, welcher Rüge der Critik er aber ausweichen will.
Wird dagegen das Wort empfindbar in eigentlicher
Bedeutung gebraucht, so ist offenbar: daß, wenn
kein einfacher Theil eines Gegenstandes der Sinne
empfindbar ist, dieser, als das Ganze, selbst auch
gar nicht empfunden werden könne, und umgekehrt,
wenn etwas ein Gegenstand der Sinne und der Empfindung ist, alle einfache Theile es eben sowol seyn
müssen, obgleich an ihnen die Klarheit der Vorstellung mangeln mag: daß aber diese Dunkelheit der
Theilvorstellungen eines Ganzen, so fern der Verstand nur einsieht, daß sie gleichwol in demselben
und seiner Anschauung enthalten seyn müssen,
sie nicht über die Sphäre der Sinnlichkeit hinaus-
versetzen und zu Verstandeswesen machen könne.
Newtons kleine Blättchen, daraus die Farbetheil-
chen der Körper bestehen, hat noch kein Microscop
entdecken können, sondern der Verstand erkennt
(oder vermuthet) nicht allein ihr Daseyn, sondern
auch daß sie wirklich in unserer empirischen Anschauung, obzwar ohne Bewußtseyn, vorgestellt werden.
Darum sie aber für gar nicht-empfindbar und nun
weiter für Verstandeswesen auszugeben, ist nieman-
den von seinen Anhängern in den Sinn gekommen;
nun ist aber zwischen so kleinen Theilen und gänzlich
einfachen Theilen weiter kein Unterschied, als in

C 3   dem

dem Grade der Verminderung. Alle Theile müssen
nothwendig Gegenstände der Sinne seyn, wenn das
Ganze es seyn soll.

Daß aber von einem einfachen Theile kein
Bild stattfindet, ob er zwar selbst ein Theil von ei=
nem Bilde d. i. von einer sinnlichen Anschauung
ist, kann ihn nicht in die Sphäre des Uebersinnli=
chen erheben. Einfache Wesen müssen allerdings
(wie die Critik zeigt) über die Grenze des Sinnli=
chen erhoben gedacht, und ihrem Begriffe kann kein
Bild, d. i. irgend eine Anschauung, correspondi=
rend gegeben werden; aber alsdenn kann man sie
auch nicht als Theile zum Sinnlichen zählen. Wer=
den sie aber doch (wider alle Beweise der Mathe=
matik) dazu gezählt, so folgt daraus, daß ihnen
kein Bild correspondirt, gar nicht, daß ihre Vor=
stellung etwas übersinnliches sey; denn sie ist einfa=
che Empfindung, mithin Element der Sinnlichkeit,
und der Verstand hat sich dadurch nicht mehr über
die Sinnlichkeit erhoben, als wenn er sie zusammen=
gesetzt gedacht hätte. Denn der letztere Begriff,
von dem der erstere nur die Negation ist, ist
eben sowol ein Verstandesbegriff. Nur alsdenn
hätte er sich über die Sinnlichkeit erhoben, wenn
er das Einfache gänzlich aus der sinnlichen Anschau=
ung und ihren Gegenständen verbannt, und mit der
ins Unendliche gehenden Theilbarkeit der Mate=
rie (wie die Mathematik gebietet) sich eine Aussicht

in

in eine Welt im Kleinen eröffnet, eben aus der Unzulänglichkeit eines solchen inneren Erklärungsgrun-
des des sinnlichen Zusammengesetzten aber (dem es,
wegen des gänzlichen Mangels des Einfachen, in
der Theilung an Vollständigkeit fehlt) auf ein solches außer dem ganzen Felde der sinnlichen Anschauung geschlossen hätte; welches also nicht als
ein Theil in derselben, sondern als der uns unbe-
kannte blos in der Idee befindliche Grund zu derselben gedacht wird; wobey aber freylich das Ge-
ständniß, welches Herrn Eberhard so schwer ankommt, von diesem übersinnlichen Einfachen nicht
das mindeste Erkenntniß haben zu können, unvermeidlich gewesen wäre.

Jn der That herrscht, um diesem Geständ-
nisse auszuweichen, in dem vorgeblichen Beweise
eine seltsame Doppelsprache. Die Stelle, wo es
heißt: „der Fluß der Veränderungen aller endlichen
Dinge ist ein stetiger ununterbrochener Fluß — kein
empfindbarer Theil ist der kleinste, oder ein völlig
einfacher,„ lautet so, als ob sie der Mathematiker
dictirt hätte. Gleich darauf aber sind doch in eben
denselben Veränderungen einfache Theile, die aber
nur der Verstand erkennt, weil sie nicht empfindbar
sind. Sind sie aber einmal darin, so ist ja jene
lex continui des Flusses der Veränderungen falsch,
und sie geschehen ruckweise, und, daß sie nicht, wie
Herr Eberhard sich fälschlich ausdrückt, empfunden,

d. i.

d. i. mit Bewußtseyn wahrgenommen werden, hebt
die specifische Eigenschaft derselben, als Theile zur
bloßen empirischen Sinnenanschauung zu gehören,
gar nicht auf.   Sollte Herr Eberhard wol von der
Stetigkeit einen bestimmten Begriff haben?

Mit einem Worte.   Die Critik hatte behaup-
ptet: daß, ohne einem Begriffe die correspondirende
Anschauung zu geben, seine objective Realität niemals erhelle.   Herr Eberhard wollte das Gegentheil beweisen, und bezieht sich auf etwas, was zwar
notorisch falsch ist, nemlich daß der Verstand an
Dingen als Gegenständen der Anschauung in Zeit
und Raum, das Einfache erkenne, welches wir
ihm aber einräumen wollen.   Aber alsdenn hat er
ja die Foderung der Critik nicht widerlegt, sondern
sie nach seiner Art erfüllt.   Denn jene verlangte ja
nichts mehr, als daß die objective Realität an der
Anschauung bewiesen würde, dadurch aber wird
dem Begriffe eine correspondirende Anschauung gegeben, welches gerade das ist, was sie foderte und
er widerlegen wollte.

· Ich würde mich bey einer so klaren Sache
nicht lange verweilen, wenn sie nicht einen unwider-
sprechlichen Beweis bey sich führete, wie ganz und
gar nicht Herr Eberhard den Sinn der Critik in
der Unterscheidung des Sinnlichen vom Nichtsinnlichen der Gegenstände eingesehen, oder, wenn er
lieber will, daß er sie misgedeutet hat.

C.

C.

Methode, vom Sinnlichen zum Nichtsinnlichen aufzusteigen, nach Herrn Eberhard.

Die Folgerung aus obigen Beweisen, vornemlich dem letzteren, die Herr Eberhard zieht, ist S. 262. diese: „So wäre also die Wahrheit, daß Raum und Zeit zugleich subjective und objective Gründe haben, —— völlig apodictisch erwiesen. Es wäre bewiesen, daß ihre letzten objectiven Gründe Dinge an sich sind.„ Nun wird ein jeder Leser der Critik gestehen, daß dieses gerade meine eigene Behauptungen sind, Herr Eberhard also mit seinen apodjctischen Beweisen (wie sehr sie es sind, kann man aus dem obigen ersehen) nichts wider die Critik behauptet habe. Aber daß diese objective Gründe, nemlich die Dinge an sich, nicht im Raume und der Zeit zu suchen sind, sondern in demjenigen, was die Critik das außer- oder übersinnliche Substrat derselben (Noumenon) nennt, daß war meine Behauptung, von der Herr Eberhard das Gegentheil beweisen wollte, aber niemals, auch hier nicht im Schlußresultate, mit der rechten Sprache heraus will.

S. 258. No. 3. und 4. sagt Herr Eberhard: „Raum und Zeit haben außer den subjectiven auch objective Gründe, und diese objective Gründe sind keine Erscheinungen, sondern wahre erkennbare

C 5   Dinge;

Dinge; S. 259. ihre letzten Gründe sind Dinge an
sich„ welches alles die Critik buchstäblich und wiederholentlich gleichfalls behauptet.   Wie ging es
denn zu, daß Herr Eberhard, der sonst scharf genug zu seinem Vortheil sieht, für diesmal ihm zum
Nachtheil nicht sah? Wir haben es mit einem
künstlichen Manne zu thun, der etwas nicht sicht,
weil er es nicht sehen lassen will.   Er wollte eigentlich, daß der Leser nicht sehen möchte, daß seine
objective Gründe, die nicht Erscheinungen seyn sollen, sondern Dinge an sich, blos Theile (einfache)
der Erscheinungen sind denn da würde man die
Untauglichkeit einer solchen Erklärungsart sofort bemerkt haben. Er bedient sich also des Worts Gründe; weil Theile doch auch Gründe der Möglichkeit
eines Zusammengesetzten sind, und da führt er mit
der Critik einerley Sprache, nemlich von den letzten
Gründen, die nicht Erscheinungen sind.   Hätte er
aber aufrichtig von Theilen der Erscheinungen, die
doch selbst nicht Erscheinungen sind, von einem
Sinnlichen, dessen Theile doch nicht-sinnlich sind, ge-
sprochen, so wäre die Ungereimtheit (selbst wenn
man die Voraussetzung einfacher Theile einräumte)
in die Augen gefallen.   So aber deckt das Wort
Grund alles dieses; denn der unbehutsame Leser
glaubt darunter etwas zu verstehen, was von jenen
Anschauungen ganz verschieden ist, wie die Critik
will, und überredet sich ein Vermögen der Erkennt-

niß

niß des Uebersinnlichen durch den Verstand selbst
an den Gegenständen der Sinne bewiesen zu finden.

Es kommt vornemlich in der Beurtheilung
dieser Täuschung darauf an, daß der Leser sich dessen wohl erinnere, was über die Eberhardsche Deduction von Raum und Zeit, und so auch der Sinnenerkenntniß überhaupt, von uns gesagt worden.
Nach ihm ist etwas nur so lange Sinnenerkenntniß
und das Object derselben Erscheinung, als die Vorstellung desselben Theile enthält, die nicht, wie er
sich ausdrückt, empfindbar sind, d. i. in der Anschauung mit Bewußtseyn wahrgenommen werden.
Sie hört flugs auf sinnlich zu seyn, und der Gegenstand wird nicht mehr als Erscheinung, sondern als
Ding an sich selbst, erkannt, mit einem Worte, es
ist nunmehro das Noumenon, so bald der Verstand
die ersten Gründe der Erscheinung, welche nach ihm
dieser ihre eigene Theile seyn sollen, einsieht und
entdeckt. Es ist also zwischen einem Dinge als Phänomen und der Vorstellung des ihm zum Grunde
liegenden Noumens kein anderer Unterschied, als
zwischen einem Haufen Menschen, die ich in großer
Ferne sehe, und eben demselben, wenn ich ihm so
nahe bin, daß ich die einzelnen zählen kann; nur daß
er behauptet, wir könnten ihm nie so nahe kommen,
welches aber keinen Unterschied in den Sachen, sondern nur in dem Grade unseres Wahrnehmungsver-
mögens, welches hiebey der Art nach immer dasselbe
bleibt,

bleibt, ausmacht. Wenn dieses wirklich der Unter=
schied ist, den die Critik in ihrer Aesthetik mit so
großem Aufwande zwischen der Erkenntniß der Din=
ge als Erscheinungen und dem Begriffe von ihnen
nach dem, was sie als Dinge an sich selbst sind,
macht, so wäre diese Unterscheidung eine bloße Kin=
derey gewesen, und selbst eine weitläuftige Wider=
legung derselben würde keinen besseren Namen ver=
dienen. Nun aber zeigt die Critik, (um nur ein
einziges Beyspiel unter vielen anzuführen,) daß es
in der Körperwelt, als dem Inbegriffe aller Ge=
genstände äußerer Sinne, zwar allerwärts zusam=
mengesetzte Dinge gebe, das Einfache aber in ihr
gar nicht angetroffen werde. Zugleich aber bewei=
set sie, daß die Vernunft, wenn sie sich ein Zusam=
mengesetztes aus Substanzen, als Ding an sich,
(ohne es auf die besondere Beschaffenheit unserer
Sinne zu beziehen) denkt, es schlechterdings als
aus einfachen Substanzen bestehend, denken müsse.
Nach demjenigen, was die Anschauung der Gegen=
stände im Raume nothwendig bey sich führt, kann
und soll die Vernunft kein Einfaches denken, wel=
ches in ihnen wäre, woraus folgt: daß, wenn
unsere Sinne auch ins Unendliche geschärft würden,
es doch für sie gänzlich unmöglich bleiben müßte,
dem Einfachen auch nur näher zu kommen, viel
weniger endlich darauf zu stoßen; weil es in ihnen
gar nicht angetroffen wird; da alsdenn kein Aus=
weg

weg übrig bleibt, als zu gestehen: Daß die Körper gar nicht Dinge an sich selbst, und ihre Sinnenvorstellung, die wir mit dem Namen der körperlichen Dinge belegen, nichts als die Erscheinung von irgend etwas sey, was, als Ding an sich selbst, allein das Einfache *) enthalten kann, für uns aber gänzlich unerkennbar bleibt, weil die Anschauung,

unter

---

*) Ein Object sich als einfach vorstellen, ist ein blos negativer Begriff, der der Vernunft unvermeidlich ist, weil er allein das Unbedingte zu allem Zusammengesetzten (als einem Dinge, nicht der bloßen Form) enthält, dessen Möglichkeit jederzeit bedingt ist. Dieser Begriff ist also kein erweiterndes Erkenntnißstück, sondern bezeichnet blos ein Etwas, sofern es von den Sinnenobjecten (die alle eine Zusammensetzung enthalten) unterschieden werden soll. Wenn ich nun sage: das, was der Möglichkeit des Zusammengesetzten zum Grunde liegt, was also allein als nicht zusammengesetzt gedacht werden kann, ist das Noumen (denn im Sinnlichen ist es nicht zu finden); so sage ich damit nicht: Es liege dem Körper als Erscheinung ein Aggregat von so viel einfachen Wesen, als reinen Verstandeswesen, zum Grunde; sondern, ob das Uebersinnliche, was jener Erscheinung als Substrat unterliegt, als Ding an sich, auch zusammengesetzt oder einfach sey, davon kann niemand im mindesten etwas wissen, und es ist eine ganz misverstandene Vorstellung der Lehre von Gegenständen der Sinne, als bloßen Erscheinungen, denen man etwas nicht-Sinnliches unterlegen muß, wenn man sich einbildet, oder andern einzubilden sucht, hiedurch werde gemeinet, das übersinnliche Substrat der Materie werde eben so nach seinen Monaden getheilt, wie ich die Materie selbst theile; denn da würde ja die Monas (die nur die Idee einer

nicht

unter der es uns allein gegeben wird, nicht seine
Eigenschaften, die ihm für sich selbst zukommen,
sondern nur die subjectiven Bedingungen unserer
Sinnlichkeit an die Hand geben, unter denen wir
allein von ihnen eine anschauliche Vorstellung erhal=
ten können. — Nach der Critik ist also alles in
einer Erscheinung selbst wiederum Erscheinung, so
weit der Verstand sie immer in ihre Theile auflösen
und die Wirklichkeit der Theile,, zu deren klarer
Wahrnehmung die Sinne nicht mehr zulangen, be=
weisen mag; nach Herrn Eberhard aber hören sie
alsdenn sofort auf Erscheinungen zu seyn, und sind
die Sache selbst.

Weil es dem Leser vielleicht unglaublich vor=
kommen möchte, daß Herr Eberhard eine so hand=
greifliche Misdeutung des Begriffs vom Sinnlichen,
den die Critik, welche er widerlegen wollte, gege=
ben hat, willführlich begangen, oder selbst einen
so schaalen und in der Metaphysik gänzlich zweck=
losen Begriff vom Unterschiede der Sinnenwesen
vom Verstandeswesen, als die bloße logische Form
der Vorstellungsart ist, aufgestellt haben sollte: so
wollen wir ihn über das, was er meynt, sich selbst
erklären lassen.

Nach=

nicht wiederum bedingten Bedingung des Zusammen=
gesetzten ist) in den Raum versetzt, wo sie aufhört ein
Noumen zu seyn und wiederum selbst zusammenge=
setzt ist.

Nachdem sich nemlich Herr Eberhard S: 271=272. viel unnöthige Mühe gegeben hat, zu beweisen, woran niemand je gezweifelt hat, und nebenbey, wie natürlich, sich auch verwundert, daß so etwas vom critischen Idealism hat übersehen werden können, daß die objective Realität eines Begriffs, die im Einzelnen nur an Gegenständen der Erfahrung bewiesen werden kann, doch unstreitig auch im Allgemeinen d. i. überhaupt von Dingen erweislich, und ein solcher Begriff nicht ohne irgend eine objective Realität sey, (wiewol der Schluß falsch ist, daß diese Realität dadurch auch für Begriffe von Dingen, die nicht Gegenstand der Erfahrung seyn können, bewiesen werde); so fährt er so fort: „Ich muß hier ein Beyspiel gebrauchen, von dessen passender Anwendbarkeit wir uns erst weiter unten werden überzeugen können. Die Sinnen und die Einbildungskraft des Menschen in seinem gegenwärtigen Zustande können sich von einem Tausendeck kein genaues Bild machen; d. i. ein Bild, wodurch sie es z. B. von einem Neunhundert und neun und neunzigeck unterscheiden könnten. Allein, so bald ich weiß, daß eine Figur ein Tausendeck ist: so kann mein Verstand ihr verschiedene Prädicate beylegen u. s. w. Wie läßt es sich also beweisen, daß der Verstand von einem Dinge an sich deswegen gar nichts, weder bejahen, noch verneinen könne, weil sich die Einbildungs-

kraft

kaft kein Bild von demselben machen kann, oder
weil wir nicht alle die Bestimmungen kennen, die
zu seiner Individualität gehören.,,   In der Folge
nemlich S. 291=292. erklärt er sich über den Un=
terschied, den die Critik zwischen der Sinnlichkeit
in logischer und in transscendentaler Bedeutung
macht, so: „Die Gegenstände des Verstandes sind
unbildliche, der Sinnlichkeit hingegen bildliche Ge=
genstände,, und führt nun aus Leibnitzen *) ein
Beyspiel von der Ewigkeit, von der wir uns kein
Bild, aber wol eine Verstandesidee machen kön=
nen, zugleich aber auch das vom obgedachten Chi=
ligone an, von welchem er sagt: „die Sinne und
die Einbildungskraft des Menschen können sich, in
seinem gegenwärtigen Zustande, kein genaues Bild,
wodurch sie es von einem Neunhundert neun und
neunzigeck unterscheiden, machen.,,

Nun,

*) Der Leser wird gut thun, nicht sofort alles, was
Herr Eberhard aus Leibnitzens Lehre folgert, auf
dieses seine Rechnung zu schreiben. Leibnitz wollte den
Empirism des Locke widerlegen. Dieser Absicht waren
dergleichen Beyspiele, als die mathematischen sind, gar
wohl angemessen, um zu beweisen, daß die letzteren Er=
kenntnisse viel weiter reichen, als empirisch=erworbene
Begriffe leisten können, und dadurch den Ursprung der
ersteren a priori gegen Lock's Angriffe zu vertheidigen.
Daß die Gegenstände dadurch aufhören bloße Objecte
der sinnlichen Anschauung zu seyn, und eine andere
Art Wesen als zum Grunde liegend voraussetzen,
konnte ihm gar nicht in die Gedanken kommen zu be=
haupten.

Nun, einen kläreren Beweis, ich will nicht
sagen von willkührlicher Misdeutung der Critik,
denn, um dadurch zu täuschen, ist sie bey weitem
nicht scheinbar genug, sondern einer gänzlichen Un-
kunde der Frage, worauf es ankommt. kann man
nicht verlangen, als den hier Herr Eberhard giebt.
Ein Fünfeck ist nach ihm noch ein Sinnenwesen,
aber ein Tausendeck schon ein bloßes Verstandeswesen, etwas nicht=Sinnliches (oder wie er sich ausdrückt, Unbildliches). Ich besorge, ein Neuneck
werde schon über dem halben Wege vom Sinnlichen zum Uebersinnlichen hinausliegen; denn wenn
man die Seiten nicht mit Fingern nachzählt, kann
man schwerlich durch bloßes Uebersehen die Zahl
derselben bestimmen. Die Frage war: ob wir von
dem, welchem keine correspondirende Anschauung
gegeben werden kann, ein Erkenntniß zu bekommen
hoffen können. Das wurde von der Critik, in
Ansehung dessen, was kein Gegenstand der Sinne
seyn kann, verneint; weil wir zu der objectiven
Realität des Begriffs immer einer Anschauung bedürfen, die unsrige aber, selbst die in der Mathematik gegebene, nur sinnlich ist. Herr Eberhard
bejahet dagegen diese Frage und führt unglückli-
cherweise — den Mathematiker, der alles jederzeit in der Anschauung demonstrirt, an, als ob
dieser, ohne seinem Begriffe eine genau correspondirende Anschauung in der Einbildungskraft zu ge-

ben,

ben, den Gegenstand deſſelben durch den Verſtand
gar wohl mit verſchiedenen Prädicaten belegen und
ihn alſo auch ohne jene Bedingung erkennen könne.
Wenn nun Archimedes ein Sechs und Neunzigeck
um den Cirkel und auch ein dergleiches in demſelben beſchrieb, um, daß und wie viel der Cirkel
kleiner ſey als das erſte, und größer als das zweyte,
zu beweiſen: legte er da ſeinem Begriffe von dem
genannten regulairen Vieleck eine Anſchauung unter, oder nicht? Er legte ſie unvermeidlich zum
Grunde, aber nicht indem er daſſelbe wirklich zeich-
nete (welches ein unnöthiges und ungereimtes An-
ſinnen wäre), ſondern indem er die Regel der Con-
ſtruction ſeines Begriffs, mithin ſein Vermögen,
die Größe deſſelben, ſo nahe der des Objects ſelbſt,
als er wollte, zu beſtimmen, und alſo dieſes dem
Begriffe gemäß in der Anſchauung zu geben,
kannte, und ſo die Realität der Regel ſelbſt und hiemit auch dieſes Begriffs für den Gebrauch der Einbildungskraft bewies. Hätte man ihm aufgegeben
auszufinden, wie aus Monaden ein Ganzes zuſam-
mengeſetzt ſeyn könne: ſo würde er, weil er wußte,
daß er dergleichen Vernunftweſen nicht im Räume
zu ſuchen habe, geſtanden haben, daß man davon
gar nichts zu ſagen vermöge, weil es überſinnliche
Weſen ſind, die nur in Gedanken, niemals aber
als ſolche in der Anſchauung vorkommen können. —
Herr Eberhard aber will die letztern, ſo fern ſie

nur

nur entweder für den Grad der Schärfe unserer
Sinne zu klein, oder die Vielheit derselben in einer
gegebenen anschaulichen Vorstellung für den derma=
ligen Grad der Einbildungskraft und sein Fassungs=
vermögen zu groß ist, für nichtsinnliche Gegenstände
gehalten wissen, von denen wir vieles sollen durch
den Verstand erkennen können; wobey wir ihn
denn auch lassen wollen; weil ein solcher Begriff
vom Nichtsinnlichen mit dem, welchen die Critik
davon giebt, nichts Aehnliches hat, und, da er
schon im Ausdrucke einen Widerspruch bey sich
führt, wol schwerlich Nachfolger haben wird.

Man sieht aus dem bisherigen deutlich: Herr
Eberhard sucht den Stoff zu aller Erkenntniß in
den Sinnen, woran er auch nicht Unrecht thut.
Er will aber doch auch diesen Stoff zum Erkennt=
niß des Uebersinnlichen verarbeiten. Zur Brücke,
dahin herüber zu kommen, dient ihm der Satz des
zureichenden Grundes, den er nicht allein in seiner
unbeschränkten Allgemeinheit annimmt, wo er aber
eine ganz andere Art der Unterscheidung des Sinn=
lichen vom Intellectuellen erfodert, als er wol ein=
räumen will, sondern auch seiner Formel nach vor=
sichtig vom Satze der Caussalität unterscheidet,
weil er sich dadurch in seiner eigenen Absicht im
Wege seyn würde *). Aber es ist mit dieser Brü=

D 2

cke

*) Der Satz: Alle Dinge haben ihren Grund, oder,
mit anderen Worten, alles existirt nur als Folge,
d. i.

cke nicht genug; denn am jenſeitigen Ufer kann
man mit keinen Materialien der Sinnesvorſtellung
bauen. Nun bedient er ſich dieſer zwar, weil es
ihm (wie jedem Menſchen) an anderen mangelt;
aber das Einfache, was er vorher als Theil der
Sinnenvorſtellung aufgefunden zu haben glaubt,
wäſcht und reinigt er dadurch von dieſem Makel,
daß er es in die Materie hineindemonſtrirt zu haben ſich berühmt, da es in der Sinnenvorſtellung
durch bloße Wahrnehmung nie wäre aufgefunden
worden. Nun iſt aber doch dieſe Partialvorſtel-
lung (das Einfache) einmal in der Materie, als
Gegenſtande der Sinne, ſeinem Vorgeben nach
wirk-

d. i. abhängig, ſeiner Beſtimmung nach, von etwas
anderem, gilt ohne Ausnahme von allen Dingen, als
Erſcheinungen im Raume, und Zeit, aber keinesweges von Dingen an ſich ſelbſt, um derenwillen Herr
Eberhard dem Satze eigentlich jene Allgemeinheit gegeben hatte. Ihn aber als Grundſatz der Cauſſalität ſo allgemein auszudrücken: Alles Exiſtirende hat
eine Urſache, d. i. exiſtirt nur als Wirkung, wäre
noch weniger in ſeinen Kram tauglich geweſen; weil
er eben vorhatte, die Realität des Begriffs von einem
Urweſen zu beweiſen, welches weiter von keiner Urſache abhängig iſt. So ſieht man ſich genöthigt ſich hinter Ausdrücken zu verbergen, die ſich nach Belieben
drehen laſſen; wie er denn S. 259 das Wort Grund
ſo braucht, daß man verleitet wird zu glauben, er
habe etwas von den Empfindungen unterſchiedenes im
Sinne, da er doch für diesmal blos die Theilempfin-
dungen verſteht, welche man im logiſchen Betracht
auch wol Gründe der Möglichkeit eines Ganzen zu
nennen pflegt.

wirklich; und da bleibt, jener Demonstration unbeschadet, immer der kleine Scrupel, wie man
einem Begriffe, den man nur an einem Sinnenge-
genstande bewiesen hat, seine Realität sichern soll,
wenn er ein Wesen bedeuten soll, das gar kein
Gegenstand der Sinne (auch nicht ein homogener
Theil eines solchen) seyn kann. Denn es ist einmal ungewiß, ob, wenn man dem Einfachen alle
die Eigenschaften nimmt, wodurch es ein Theil der
Materie seyn kann, überhaupt irgend etwas übrig
bleibe, was ein mögliches Ding heißen könne.
Folglich hätte er durch jene Demonstration die objective Realität des Einfachen, als Theils der Materie, mithin als eines lediglich zur Sinnenanschauung und einer an sich möglichen Erfahrung
gehörigen Objects, keinesweges aber als für einen
jeden Gegenstand, selbst den übersinnlichen, außer
derselben bewiesen, welches doch gerade das war,
wornach gefragt wurde.

In allem, was nun von S. 263—306
folgt und zur Bestätigung des Obigen dienen soll, ist
nun, wie man leicht voraussehen kann, nichts
anders als Verdrehung der Sätze der Critik, vornemlich aber Misdeutung und Verwechselung logischer Sätze, die blos die Form des Denkens (ohne
irgend einen Gegenstand in Betrachtung zu ziehen)
betreffen, mit transscendentalen, (welche die Art,
wie der Verstand jene ganz rein und ohne eine andere

Quelle,

Quelle, als sich selbst, zu bedürfen, zur Erkennt=
niß der Dinge a priori braucht,) anzutreffen. Zu
der ersten gehört unter vielen anderen die Ueber=
setzung der Schlüsse in der Critik in eine syllogi=
stische Form S. 270. Er sagt, ich schlösse so:
„Alle Vorstellungen, die keine Erscheinungen sind,
sind leer von Formen sinnlicher Anschauung (ein
unschicklicher Ausdruck, der nirgend in der Critik
vorkommt, aber stehen bleiben mag) — Alle
Vorstellungen von Dingen an sich sind Vorstellun=
gen, die keine Erscheinungen sind, (auch dieses
ist wider den Gebrauch der Critik ausgedrückt, da
es heißt, sie sind Vorstellungen von Dingen, die
keine Erscheinungen sind) — Also sind sie schlech=
terdings leer.„ Hier sind vier Hauptbegriffe und
ich hätte, wie er sagt, schließen müssen: „ also
sind diese Vorstellungen leer von den Formen der
sinnlichen Anschauung.„

Nun ist das letztere wirklich der Schlußsatz,
den man allein aus der Critik ziehen kann, und
den ersteren hat Herr Eberhard nur hinzuge=
dichtet. Aber nun folgen, nach der Critik, fol=
gende Episyllogismen darauf, durch welche am
Ende doch jener Schlußsatz herauskommt. Nem=
lich: Vorstellungen, die von den Formen sinnli=
cher Anschauung leer sind, sind leer von aller An=
schauung (denn alle unsere Anschauung ist sinn=
lich) — Nun sind die Vorstellungen, von Din=

gen

gen an sich, leer von u. s. w. — Also sind sie
leer von aller Anschauung. Und endlich: Vorstellungen, die von aller Anschauung leer sind, (denen, als Begriffen, keine correspondirende Anschauung gegeben werden kann,) sind schlechterdings
leer (ohne Erkenntniß ihres Objects) — Nur
sind Vorstellungen von Dingen, die keine Erscheinungen sind, von aller Anschauung leer. — Also
sind sie (an Erkenntniß) schlechterdings leer.

Was soll man hier an Herrn Eberhard be-
zweifeln: die Einsicht oder die Aufrichtigkeit?

Von seiner gänzlichen Verkennung des wahren
Sinnes der Critik, und von der Grundlosigkeit dessen, was er an die Stelle desselben zum Behuf eines besseren Systems setzen zu können vorgiebt,
können hier nur einige Beläge gegeben werden;
denn selbst der entschlossenste Streitgenosse des
Herrn Eberhards würde über der Arbeit ermüden,
die Momente seiner Einwendungen und Gegenbehauptungen in einen mit sich selbst stimmenden Zu-
sammenhang zu bringen.

Nachdem er S. 275 gefragt hat: „Wer
(was) giebt der Sinnlichkeit ihren Stoff, nemlich
die Empfindungen?„ so glaubt er wider die Critik abgesprochen zu haben, indem er S. 276 sagt:
„wir mögen wählen, welches wir wollen — so
kommen wir auf Dinge an sich.„ Nun ist ja das
eben die beständige Behauptung der Critik; nur

D 4

daß

daß sie diesen Grund des Stoffes sinnlicher Vor=
stellungen nicht selbst wiederum in Dingen, als
Gegenständen der Sinne, sondern in etwas Ueber=
sinnlichem setzt, was jenen zum Grunde liegt und
wovon wir kein Erkenntniß haben können. Sie
sagt: Die Gegenstände, als Dinge an sich, geben
den Stoff zu empirischen Anschauungen, (sie ent=
halten den Grund, das Vorstellungsvermögen, sei=
ner Sinnlichkeit gemäß, zu bestimmen,) aber sie
sind nicht der Stoff derselben.

Gleich darauf wird gefragt, wie der Ver=
stand nun jenen Stoff (er mag gegeben seyn woher
er wolle) bearbeite. Die Critik bewies in der
transscendentalen Logik: daß dieses durch Subsum=
tion der sinnlichen (reinen oder empirischen) An=
schauungen unter die Categorien geschehe, welche
Begriffe von Dingen überhaupt gänzlich im reinen
Verstande a priori gegründet seyn müssen. Dage=
gen deckt Herr Eberhard S. 276 — 279 sein
System auf, dadurch, daß er sagt: „Wir können
keine allgemeine Begriffe haben, die wir nicht von
den Dingen, die wir durch die Sinnen wahrge=
nommen, oder von denen, deren wir uns in un=
serer eigenen Seele bewußt sind, abgezogen haben,‚‚
welche Absonderung von dem Einzelnen er dann in
demselben Absatze genau bestimmt. Dieses ist der
erste Actus des Verstandes. Der zweyte besteht
S. 279 darin: daß er aus jenem sublimirten

Stoffe

Stoffe wiederum Begriffe zusammensetzt. Vermit=
telst der Abstraction gelangte also der Verstand.
(von den Vorstellungen der Sinne) bis zu den Ca=
tegorien, und nun steigt er von da und den wesent=
lichen Stücken der Dinge zu den Attributen dersel=
ben. So, heißt es S. 278, „erhält also der Ver=
stand mit Hülfe der Vernunft neue zusammengesetzte
Begriffe; so wie er selbst, durch die Abstraction zu
immer allgemeineren und einfacheren hinaufsteigt,
bis zu den Begriffen des Möglichen und Gegrün=
deten,, u. s. w.

Dieses Hinaufsteigen (wenn nemlich das ein
Hinaufsteigen heißen kann, was nur ein Abstrahi=
ren von dem Empirischen in dem Erfahrungsge=
brauche des Verstandes ist, da dann das Intel=
lectuelle, was wir selbst nach der Naturbeschaffen=
heit unseres Verstandes vorher a priori hineinge=
legt haben, nemlich die Categorie, übrig bleibt,)
ist nur logisch, nemlich zu allgemeineren Regeln,
deren Gebrauch aber nur immer innerhalb dem
Umfange möglicher Erfahrung bleibt, weil von dem
Verstandesgebrauch in derselben jene Regeln eben
abstrahirt sind, wo den Categorien eine correspon=
dirende sinnliche Anschauung gegeben wird. —
Zum wahren realen Hinaufsteigen, nemlich zu einer
anderen Gattung Wesen, als überhaupt den Sin=
nen, selbst den vollkommensten, gegeben werden
können, würde eine andere Art von Anschauung,

die

die wir intellectuell genannt haben, (weil, was
zum Erkenntniß gehört und nicht sinnlich ist, keinen
anderen Namen und Bedeutung haben kann,) erfo=
dert werden, bey der wir aber der Categorien nicht
allein nicht mehr bedürften, sondern die auch bey einer
solchen Beschaffenheit des Verstandes schlechterdings
keinen Gebrauch haben würden. Wer uns nur
einen solchen anschauenden Verstand eingeben,
oder, liegt er etwa verborgenerweise in uns, ihn
uns kennen lehren möchte?

Aber hiezu weiß nun Herr Eberhard auch
Rath. Denn „es giebt nach S. 280—281
auch Anschauungen, die nicht sinnlich sind, (aber
auch nicht Anschauungen des Verstandes) — eine
andere Anschauung, als die sinnliche, in Raum
und Zeit. — „Die ersten Elemente der concre=
ten Zeit und die ersten Elemente des concreten
Raums sind keine Erscheinungen (Objecte sinnlicher
Anschauung) mehr.„ Also sind sie die wahren
Dinge, die Dinge an sich. Diese nichtsinnliche
Anschauung unterscheidet er von der sinnlichen
S. 299 dadurch, daß sie diejenige sey, in welcher
etwas „durch die Sinnen undeutlich, oder ver=
worren, vorgestellt wird„ und den Verstand will
er S. 295 durch das „Vermögen deutlicher Er=
kenntniß„ definirt haben. — Also besteht der Un=
terschied seiner nicht=sinnlichen Anschauung von der
sinn=

finnlichen darin, daß die einfachen Theile im con=
creten Raume und der Zeit in finnlichen verworren,
in der nicht=finnlichen aber deutlich vorgeſtellt wer=
den. Natürlicher Weiſe wird auf dieſe Art die Fo=
derung der Critik in Abſicht auf die objective Rea=
lität des Begriffs von einfachen Weſen erfüllt, in=
dem ihm eine correſpondirende (nur nicht ſinnliche
Anſchauung) gegeben wird.

Das war nun ein Hinaufſteigen, um deſto
tiefer zu fallen. Denn, waren jene einfache We=
ſen in die Anſchauung ſelbſt hinein vernünftelt, ſo
waren ihre Vorſtellungen, als in der empiriſchen
Anſchauung enthaltene Theile, bewieſen, und die
Anſchauung blieb auch bey ihnen, was ſie in An=
ſehung des Ganzen war, nemlich ſinnlich. Das
Bewußtſeyn einer Vorſtellung macht keinen Unter=
ſchied in der ſpecifiſchen Beſchaffenheit derſelben;
denn es kann mit allen Vorſtellungen verbunden
werden. Das Bewußtſeyn einer empiriſchen An=
ſchauung heißt Wahrnehmung. Daß alſo jene vor=
gebliche einfache Theile nicht wahrgenommen wer=
den, macht nicht den mindeſten Unterſchied von ih=
rer Beſchaffenheit, als ſinnlicher Anſchauungen,
um etwa, wenn unſere Sinne geſchärft, zugleich
auch die Einbildungskraft, das Mannigfaltige ih=
rer Anſchauung mit Bewußtſeyn aufzufaſſen, noch
ſo ſehr erweitert würde, an ihnen, vermöge der

Deut=

Deutlichkeit *) dieser Vorstellung, etwas Nicht-
sinnliches wahrzunehmen. — Hiebey wird vielleicht dem Leser einfallen, zu fragen: warum, wenn
Herr

---

*) Denn es giebt auch eine Deutlichkeit in der An-
schauung, also auch der Vorstellung des Einzelnen,
nicht blos der Dinge im Allgemeinen (S. 295), welche ästhetisch genannt werden kann, die von der logi-
gischen, durch Begriffe, ganz unterschieden ist, (so
wie die, wenn ein neuholländischer Wilder zuerst ein
Haus zu sehen bekäme und ihm nahe genug wäre, um
alle Theile desselben zu unterscheiden, ohne doch den
mindesten Begriff davon zu haben,) aber freylich in
einem logischen Handbuch nicht enthalten seyn kann;
weswegen es auch gar nicht zulässig ist, statt der Definition der Critik, da Verstand als Vermögen der Erkenntniß durch Begriffe erklärt wird, wie er verlangt,
das Vermögen deutlicher Erkenntniß zu diesem Behuf
anzunehmen. Vornemlich aber ist die erstere Erklärung darum die einzige angemessene, weil der Verstand
dadurch auch als transscendentales Vermögen ursprünglich aus ihm allein entspringender Begriffe (der Categorien) bezeichnet wird, da die zweyte hingegen blos
das logische Vermögen, allenfalls auch den Vorstellungen der Sinne Deutlichkeit und Allgemeinheit, durch
bloße klare Vorstellung und Absonderung ihrer Merkmale, zu verschaffen, anzeigt. Es ist aber Herrn
Eberhard daran sehr gelegen, den wichtigsten critischen
Untersuchungen dadurch auszuweichen, daß er seinen
Definitionen zweydeutige Merkmale unterlegt. Dahin
gehört auch der Ausdruck (S. 295 und anderwärts)
einer Erkenntniß der allgemeinen Dinge; ein ganz
verwerflicher scholastischer Ausdruck, der den Streit
der Nominalisten und Realisten wieder erwecken kann,
und der, ob er zwar in manchen metaphysischen Com-
pendien steht, doch schlechterdings nicht in die Trans-
scendentalphilosophie, sondern lediglich in die Logik gehört,

Herr Eberhard nun einmal beym Erheben über
die Sphäre der Sinnlichkeit (S. 169) ist, er
doch den Ausdruck des Nichtsinnlichen immer
braucht und nicht vielmehr den des Uebersinnlichen.
Allein das geschieht auch mit gutem Vorbedacht.
Denn bey dem letzteren würde es gar zu sehr in die
Augen gefallen seyn, daß er es nicht aus der sinn=
lichen Anschauung, eben darum, weil sie sinnlich
ist, herausklauben konnte. Nichtsinnlich aber be=
zeichnet einen bloßen Mangel (z. B. des Bewußt=
seyns von etwas in der Vorstellung eines Gegen=
standes der Sinne), und der Leser wird es nicht so=
fort inne, daß ihm dadurch eine Vorstellung von
wirklichen Gegenständen einer anderen Art in die
Hand gespielt werden soll. Eben so ist es mit dem,
wovon wir nachher reden wollen, dem Ausdrucke
Allgemeine Dinge (statt allgemeiner Prädicate der
Dinge) bewandt, wodurch der Leser glaubt eine
besondere Gattung von Wesen verstehen zu müssen,
oder dem Ausdrucke nicht= identischer (statt synthe=
tischer) Urtheile. Es gehört viel Kunst in der

Wahl

---

hört, indem er keinen Unterschied in der Beschaffenheit
der Dinge, sondern nur des Gebrauchs der Begriffe,
ob sie im Allgemeinen oder aufs Einzelne angewandt
werden, anzeigt. Indessen dient dieser Ausdruck doch,
neben dem des Unbildlichen, um den Leser einen Au=
genblick hinzuhalten, als ob dadurch eine besondere
Art von Objecten, z. B. die einfachen Elemente, ge=
dacht würden.

Wahl unbestimmter Ausdrücke dazu, um Armse=
ligkeiten dem Leser für bedeutende Dinge zu ver=
kaufen.

Wenn also Herr Eberhard den leibnißisch=
wolfischen Begriff der Sinnlichkeit der Anschauung
recht ausgelegt hat: daß sie blos in der Verwor=
renheit des Mannigfaltigen der Vorstellungen in
derselben bestehe, indessen daß diese doch die Dinge
an sich selbst vorstellen, deren deutliches Erkennt=
niß aber auf dem Verstande (der die einfachen Theile
in jener Anschauung erkennt) beruhe, so hat ja
die Critik jener Philosophie nichts angedichtet und
fälschlich aufgebürdet, und es bleibt nur noch übrig
auszumachen, ob sie auch Recht habe, zu sagen: die=
ser Standpunct, den die letztere genommen hat,
um die Sinnlichkeit (als ein besonderes Vermögen
oder Receptivität) zu characterisiren, sey unrich=
tig *). Er bestätigt die Richtigkeit dieser der Leib=
nißi=

*) Herr Eberhard schilt und ereifert sich auch auf eine
belustigende Art S. 298 über die Vermessenheit eines
solchen Tadels. (Dem er obenein einen falschen Aus=
druck unterschiebt.) Wenn es jemanden einfiele den
Cicero zu tadeln, daß er nicht gut Latein geschrieben
habe: so würde irgend ein Scioppius (ein bekandter
grammatischer Eiferer) ihn ziemlich unsanft, aber doch
mit Recht, in seine Schranken weisen; denn, was gut
Latein sey, können wir nur aus dem Cicero (und sei=
nen Zeitgenossen) lernen. Wenn jemand aber einen
Fehler in Plato's oder Leibnitzens Philosophie anzu=
treffen glaubte, so wäre der Eifer darüber, daß sogar
an

nitzischen Philosophie in der Critik beygelegten Be=
deutung des Begriffs der Sinnlichkeit S. 303 da=
durch: daß er den subjectiven Grund der Erschei=
nungen, als verworrener Vorstellungen, im Un=
vermögen setzt, alle Merkmale (Theilvorstellungen
der Sinnenanschauung) zu unterscheiden, und, in=
dem er S. 377 die Critik tadelt, daß sie diesen
nicht angegeben habe, sagt er: er bestehe in den
Schranken des Subjects. Daß, außer diesen sub=
jectiven Gründen der logischen Form der Anschauung,
die Erscheinungen auch objective haben, behauptet
die Critik selbst, und darin wird sie Leibnitzen nicht
widerstreiten. Aber daß, wenn diese objective
Gründe (die einfachen Elemente) als Theile
in den Erscheinungen selbst liegen, und blos der
Verworrenheit wegen nicht als solche wahrge=
nommen, sondern nur hineindemonstrirt werden
können, sie sinnliche und doch nicht blos sinnliche,
sondern um der letztern Ursache willen auch intelle=
ctuelle Anschauungen heißen sollen, das ist ein of=
fenbarer Widerspruch, und so kann Leibnitzens Be=
griff von der Sinnlichkeit und den Erscheinungen
nicht ausgelegt werden, und Herr Eberhard hat
ent=

an Leibnitzen etwas zu tadeln seyn sollte, lächerlich.
Denn, was philosophisch=richtig sey, kann und muß
keiner aus Leibnitzen lernen, sondern der Probirstein,
der dem einen so nahe liegt, wie dem anderen, ist
die gemeinschaftliche Menschenvernunft, und es giebt
keinen classischen Autor der Philosophie.

entweder eine ganz unrichtige Auslegung von deſſen
Meinung gegeben, oder dieſe muß ohne Bedenken
verworfen werden. Eins von beiden: Entweder
die Anſchauung iſt dem Objecte nach ganz intellectuel,
d. i. wir ſchauen die Dinge an, wie ſie an ſich
ſind, und alsdenn beſteht die Sinnlichkeit lediglich
in der Verworrenheit, die von einer ſolchen vielbe-
faſſenden Anſchauung unzertrennlich iſt: oder ſie iſt
nicht intellectuel, wir verſtehen darunter nur die
Art, wie wir von einem an ſich ſelbſt uns ganz
unbekandten Object afficirt werden, und da beſteht
die Sinnlichkeit ſo gar nicht in der Verworrenheit,
daß vielmehr ihre Anſchauung immerhin auch den
höchſten Grad der Deutlichkeit haben möchte, und,
wofern in ihr einfache Theile ſtecken, ſich auch auf
dieſer ihre klare Unterſcheidung erſtrecken könnte,
dennoch aber nicht im Mindeſten etwas mehr als
bloße Erſcheinung enthalten würde. Beides zu-
ſammen kann in einem und demſelben Begriffe der
Sinnlichkeit nicht gedacht werden. Alſo, die Sinnlichkeit, wie Herr Eberhard Leibnizen den Begriff
derſelben beylegt, unterſcheidet ſich von der Ver-
ſtandeserkenntniß entweder blos durch die logiſche
Form (die Verworrenheit), indeſſen daß ſie dem
Inhalte nach lauter Verſtandesvorſtellungen von
Dingen an ſich enthält, oder ſie unterſcheidet ſich
von dieſer auch transſcendental, d. i. dem Ur-
ſprung und Inhalte nach, indem ſie gar nicht von

der

der Beschaffenheit der Objecte an sich, sondern blos die Art, wie das Subject afficirt wird, enthält, sie möchte übrigens so deutlich seyn, als sie wollte. Im letzteren Falle ist das die Behauptung der Critik, welcher man die erstere Meinung nicht entgegensetzen kann, ohne die Sinnlichkeit lediglich in der Verworrenheit der Vorstellungen zu setzen, welche die gegebene Anschauung enthält.

Man kann den unendlichen Unterschied zwischen der Theorie der Sinnlichkeit, als einer besonderen Anschauungsart, welche ihre a priori nach allgemeinen Principien bestimmbare Form hat, und derjenigen, welche diese Anschauung als blos empirische Apprehension der Dinge an sich selbst annimmt, die sich nur durch die Undeutlichkeit der Vorstellung von einer intellectuellen Anschauung (als sinnliche Anschauung) auszeichne, nicht besser darlegen, als es Herr Eberhard wider seinen Willen thut. Aus dem Unvermögen, der Ohnmacht, und den Schranken der Vorstellungskraft (lauter Ausdrücke, deren sich Herr Eberhard selbst bedient) kann man nemlich keine Erweiterungen des Erkenntnisses, keine positive Bestimmungen der Objecte herleiten. Das gegebene Princip muß selbst etwas Positives seyn, welches zu solchen Sätzen das Substrat ausmacht, aber freylich nur blos subjectiv, und nur so fern von Objecten gültig, als diese nur für Erscheinungen gelten. Wenn wir Herrn

E   Eber=

Eberhard seine einfache Theile der Gegenstände sinn=
licher Anschauung schenken, und zugeben, daß er
ihre Verbindung nach seinem Satze des Grundes
auf die beste Art, wie er kann, verständlich mache,
wie und durch welche Schlüsse will er nun die Vor=
stellung des Raums: daß er als vollständiger Raum
drey Abmessungen habe, imgleichen von seinen
dreyerley Grenzen, davon zwey selbst noch Räume,
der dritte, nemlich der Punct, die Grenze aller Grenze
ist, aus seinen Begriffen von Monaden und der
Verbindung derselben durch Kräfte herausbekom=
men; oder in Ansehung der Objecte des inneren
Sinnes, wie will er die diesem zum Grunde lie=
gende Bedingung, die Zeit, als Größe, aber nur
von einer Abmessung, und als stetiger Größe (so
wie auch der Raum ist) aus seinen einfachen Thei=
len, die seiner Meinung nach der Sinn zwar, nur
nicht abgesondert, wahrnimmt, der Verstand da=
gegen hinzudenkt, herausvernünfteln und aus den
Schranken, der Undeutlichkeit, und mithin blo=
ßen Mängeln ein so positives Erkenntniß, welches
die Bedingungen der sich unter allen am meisten
a priori erweiternden Wissenschaften (Geometrie und
allgemeine Naturlehre) enthält, herleiten? Er muß
alle diese Eigenschaften für falsch und blos hinzuge=
dichtet annehmen (wie sie denn auch jenen einfa=
chen Theilen, die er annimmt, gerade widerspre=
chen), oder er muß die objective Realität derselben

nicht

nicht in den Dingen an sich, sondern in ihnen als Erscheinungen suchen, d. i. indem er die Form ihrer Vorstellung (als Objecten der sinnlichen Anschauung) im Subjecte und in der Receptivität desselben sucht, einer unmittelbaren Vorstellung gegebener Gegenstände empfänglich zu seyn, welche Form nun a priori (auch bevor die Gegenstände gegeben sind) die Möglichkeit eines mannigfaltigen Erkenntnisses der Bedingungen, unter denen allein den Sinnen Objecte vorkommen können, begreiflich macht. Hiemit vergleiche man nun, was Herr Eberhard S. 370. sagt: „Was der subjective Grund bey den Erscheinungen sey, hat Herr K. nicht bestimmt.„ — Es sind die Schranken des Subjects„ (das ist nun seine Bestimmung). Man lese und urtheile.

Ob ich „unter der Form der sinnlichen Anschauung die Schranken der Erkenntnißkraft vorstehe, wodurch das Mannigfaltige zu dem Bilde der Zeit und des Raums wird, oder diese Bilder im Allgemeinen selbst,„ darüber ist Herr Eberhard (S. 391.) ungewiß. — „Wer sie sich selbst ursprünglich, nicht in ihren Gründen anerschaffen, denkt, der denkt sich eine qualitatem occultam. Nimmt er aber eine von den beiden obigen Erklärungen an, so ist seine Theorie, entweder ganz, oder zum Theil, in der Leibnitzischen Theorie enthalten.„ S. 378. verlangt er über jene Form

der

der Erscheinung eine Belehrung „sie mag, sagt er, sanft oder rauh seyn.„ Ihm selbst beliebt es in diesem Abschnitte den letztern Ton vorzüglich anzunehmen. Ich will bey dem ersteren bleiben, der demjenigen geziemt, welcher überwiegende Gründe auf seiner Seite hat.

Die Critik erlaubt schlechterdings keine anerschaffene oder angebohrne Vorstellungen; alle insgesamt, sie mögen zur Anschauung oder zu Verstandesbegriffen gehören, nimmt sie als erworben an. Es giebt aber auch eine ursprüngliche Erwerbung, (wie die Lehrer des Naturrechts sich ausdrücken) folglich auch dessen, was vorher gar noch nicht existirt, mithin keiner Sache vor dieser Handlung angehöret hat. Dergleichen ist, wie die Critik behauptet, erstlich die Form der Dinge im Raum und der Zeit, zweytens die synthetische Einheit des Mannigfaltigen in Begriffen; denn keine von beiden nimmt unser Erkenntnißvermögen von den Objecten, als in ihnen an sich selbst gegeben, her, sondern bringt sie aus sich selbst a priori zu Stande. Es muß aber doch ein Grund dazu im Subjecte seyn, der es möglich macht, daß die gedachten Vorstellungen so und nicht anders entstehen und noch dazu auf Objecte, die noch nicht gegeben seyn, bezogen werden können, und dieser Grund wenigstens ist angebohren. (Da Herr Eberhard selbst anmerkt, daß, um zu dem Ausdrucke: anerschaffen berech-

tigt

tigt zu seyn, man das Daseyn Gottes schon als
bewiesen vorausseßen müsse, warum bedient er sich
desselben dann in einer Critik, welche mit der ersten
Grundlage aller Erkenntniß zu thun hat, und nicht
des alten Ausdrucks der Angebohrnen?) Herr Eber=
hard sagt S. 390: „die Gründe der allgemeinen,
noch unbestimmten, Bilder von Raum und Zeit,
und mit ihnen ist die Seele erschaffen,, ist aber auf
der folgenden Seite wieder zweifelhaft, ob ich unter
der Form der Anschauung (sollte heißen dem Grunde
aller Formen der Anschauung) die Schranken
der Erkenntnißkraft, oder jene Bilder selbst ver=
stehe. Wie er das erstere auch nur auf zweifel=
hafte Art hat vermuthen können, läßt sich gar nicht
begreifen, da er sich doch bewußt seyn muß, daß
er jene Erklärungsart der Sinnlichkeit im Gegen=
saße mit der Critik durchseßen wollte: das zweyte
aber, nemlich daß er zweifelhaft ist, ob ich nicht die
unbestimmten Bilder von Zeit und Raum selbst ver=
stehe, läßt sich wol erklären, aber nicht billigen.
Denn wo habe ich jemals die Anschauungen von
Raum und Zeit, in welchen allererst Bilder mög=
lich sind, selbst Bilder genannt (die jederzeit einen
Begriff vorausseßen, davon sie die Darstellung
sind, z. B. das unbestimmte Bild für den Begriff
eines Triangels, dazu weder das Verhältniß der
Seiten noch die Winkel gegeben sind)? Er hat
sich in das trügliche Spielwerk, statt sinnlich, den

Aus=

Ausdruck bildlich zu brauchen, so hinein gedacht,
daß er ihn allenthalben begleitet. Der Grund der
Möglichkeit der sinnlichen Anschauung ist keines von
beiden, weder Schranke des Erkenntnißvermögens,
noch Bild; es ist die bloße eigenthümliche Receptivität des Gemüths, wenn es von etwas (in der
Empfindung) afficirt wird, seiner subjectiven Beschaffenheit gemäß eine Vorstellung zu bekommen.
Dieser erste formale Grund z. B. der Möglichkeit
einer Raumesanschauung ist allein angebohren, nicht
die Raumvorstellung selbst. Denn es bedarf immer
Eindrücke, um das Erkenntnißvermögen zuerst zu
der Vorstellung eines Objects (die jederzeit eine eigene Handlung ist) zu bestimmen. So entspringt
die formale Anschauung, die man Raum nennt,
als ursprünglich erworbene Vorstellung, (der Form
äußerer Gegenstände überhaupt) deren Grund gleichwol (als bloße Receptivität) angebohren ist, und deren Erwerbung lange vor dem bestimmten Begriffe
von Dingen, die dieser Form gemäß sind, vorhergeht; die Erwerbung der letzteren ist acquisitio
derivativa, indem sie schon allgemeine transscendentale Verstandesbegriffe voraussetzt, die eben so wohl
nicht angebohren *), sondern erworben sind, deren

acqui-

*) In welchem Sinne Leibniz das Wort Angebohren
  nehme, wenn er es von gewissen Elementen der Erkenntniß braucht, wird hiernach beurtheilt werden können. Eine Abhandlung von Hißmann im Teutschen Mercur, October 1777, kann diese Beurtheilung erleichtern.

acquisitio aber, wie jene des Raumes, eben so wohl
originaria ist und nichts Angebohrnes, als die sub=
jectiven Bedingungen der Spontaneität des Denkens,
(Gemäßheit mit der Einheit der Apperception) vor=
aussetzt. Ueber diese Bedeutung des Grundes der
Möglichkeit einer reinen sinnlichen Anschauung kann
niemand zweifelhaft seyn, als der, welcher die
Critik etwa mit Hülfe eines Wörterbuchs durch=
streift, aber nicht durchdacht hat.

Wie gar wenig Herr Eberhard die Critik in
ihren kläresten Sätzen verstehe, oder auch wie er
sie vorsetzlich misverstehe, davon kann folgendes
zum Beyspiele dienen.

In der Critik wurde gesagt: daß die bloße
Categorie der Substanz (so wie jede andere) schlech=
terdings nichts weiter, als die logische Function,
in Ansehung deren ein Object als bestimmt gedacht
wird, enthalte, und also, dadurch allein, gar kein
Erkenntniß des Gegenstandes, auch nur durch das
mindeste (synthetische) Prädicat, wofern wir ihm
nicht eine sinnliche Anschauung unterlegen, erzeugt
werde; woraus denn mit Recht gefolgert wurde,
daß, da wir ohne Categorien gar nicht von Dingen
urtheilen können, vom Uebersinnlichen schlechter=
dings kein Erkenntniß (es versteht sich hiebey im=
mer in theoretischer Beziehung) möglich sey. Herr
Eberhard giebt S. 384=385. vor, dieses Erkennt=
niß der reinen Categorie der Substanz, auch ohne

E 4   Bey=

Beyhülfe der sinnlichen Anschauung, verschaffen zu
können: „es ist die Kraft, welche die Accidenzen
wirkt.„ Nun ist ja aber die Kraft selber wiederum
nichts anders als eine Categorie (oder das Prädi-
cable derselben), nemlich die der Ursache, von der
ich gleichfalls behauptet habe, daß von ihr die objective Gültigkeit, ohne ihr untergelegte sinnliche
Anschauung, eben so wenig könne bewiesen werden,
als von der des Begriffs einer Substanz. Nun
gründet er S. 385. diesen Beweis auch wirklich
auf Darstellung der Accidenzen, mithin auch der
Kraft, als ihrem Grunde, in der sinnlichen (inneren) Anschauung. Denn er bezieht den Begriff der
Ursache wirklich auf eine Folge von Zuständen des
Gemüths in der Zeit, von auf einander folgenden
Vorstellungen, oder Graden derselben, deren Grund
„in dem, nach allen seinen gegenwärtigen, vergangenen und künftigen Veränderungen, völlig bestimmten Dinge,„ enthalten sey, „und darum, sagt
er, ist dieses Ding eine Kraft; darum ist es eine
Substanz.„ Mehr verlangt ja aber die Critik auch
nicht, als die Darstellung des Begriffs von Kraft
(welcher, beyläufig anzumerken, ganz etwas anderes ist, als der, dem er die Realität sichern
wollte, nemlich der Substanz) *) in der innern sinnlichen

*) Der Satz: das Ding (die Substanz) ist eine Kraft,
statt des ganz natürlichen, die Substanz hat eine Kraft,
ist ein allen ontologischen Begriffen widerstreitender
und

ltlichen Anſchauung, und die objective Realität einer
Subſtanz, als Sinnenweſen, wird dadurch geſi=
chert. Aber es war die Rede davon, ob jene Reali=
tät dem Begriffe von Kraft, als reiner Categorie,
d. i. auch ohne ihre Anwendung auf Gegenſtände
ſinnlicher Anſchauung, mithin als gültig auch von
überſinnlichen, d. i. bloßen Verſtandesweſen, könne
bewieſen werden: da denn alles Bewußtſeyn, wel=
ches auf Zeitbedingungen beruht, mithin auch jede
Folge des Vergangenen, Gegenwärtigen und Künf=
tigen, ſamt dem ganzen Geſeße der Continuität
des veränderten Gemüthszuſtandes, wegfallen muß,

E 5   und

*und in ſeinen Folgen der Metaphyſik ſehr nachtheiliger
Saß. Denn dadurch geht der Begriff der Subſtanz im
Grunde ganz verlohren, nemlich der der Inhärenz in
einem Subjecte, ſtatt deſſen alsdenn der der Depen=
denz von einer Urſache geſeßt wird; recht ſo, wie es
Spinoza haben wollte, welcher die allgemeine Abhän=
gigkeit aller Dinge der Welt von einem Urweſen, als
ihrer gemeinſchaftlichen Urſache, indem er dieſe allge=
meine wirkende Kraft ſelbſt zur Subſtanz machte, eben
dadurch jener ihre Dependenz in eine Inhärenz in der
leßteren verwandelte. Eine Subſtanz hat wol, außer
ihrem Verhältniſſe als Subject zu den Accidenzen,
(und deren Inhärenz) noch das Verhältniß zu eben
denſelben, als Urſache zu Wirkungen; aber jenes iſt
nicht mit dem leßteren einerley. Die Kraft iſt nicht
das, was den Grund der Exiſtenz der Accidenzen ent=
hält: (denn den enthält die Subſtanz) ſondern iſt der
Begriff von dem bloßen Verhältniſſe der Subſtanz zu
den leßteren, ſo fern ſie den Grund derſelben enthält
und dieſes Verhältniß iſt von dem der Inhärenz gänz=
lich unterſchieden.

und so nichts übrig bleibt, wodurch das Accidens gegeben worden und was dem Begriffe von Kraft zum Belage dienen könnte., Nun nehme er also, der Foderung gemäß, den Begriff vom Menschen weg (in welchem schon der Begriff eines Körpers enthalten ist), imgleichen den von Vorstellungen, deren Daseyn in der Zeit bestimmbar ist, mithin alles, was Bedingungen der äußeren sowol als inneren Anschauung enthält, (denn das muß er thun, wenn er den Begriff der Substanz und einer Ursache als reine Categorien, d. i. als solche, die allenfalls auch zum Erkenntniß des Uebersinnlichen dienen könnten, ihrer Realität nach sicheren will,) so bleibt ihm vom Begriffe der Substanz nichts anders übrig, als der eines Etwas, dessen Existenz nur als die eines Subjects, nicht aber eines bloßen Prädicats von einem andern, gedacht werden muß: von dem der Ursache aber bleibt ihm nur der eines Verhältnisses von Etwas zu etwas Anderem im Daseyn, nach welchem, wenn ich das erstere setze, das andere auch bestimmt und nothwendig gesetzt wird. Aus diesen Begriffen von beiden kann er nun schlechterdings kein Erkenntniß von dem so beschaffenen Dinge herausbringen, so gar nicht einmal, ob eine solche Beschaffenheit auch nur möglich sey, d. i. ob es irgend Etwas geben könne, woran sie angetroffen werde. Hieher darf jetzt die Frage nicht gezogen werden: ob, in Beziehung auf practische

Grund=

Grundsätze *a priori*, wenn der Begriff von einem Dinge (als Noumen) zum Grunde liegt, alsdenn die Categorie der Substanz und der Ursache nicht objective Realität in Ansehung der reinen practischen Bestimmung der Vernunft bekomme. Denn die Möglichkeit eines Dinges, was blos als Subject, und nicht immer wiederum als Prädicat von einem Anderen, existiren könne, oder der Eigenschaft, in Ansehung der Existenz Anderer das Verhältniß des Grundes, nicht umgekehrt das der Folge von eben denselben, zu haben, muß zwar zu einem theoretischen Erkenntniß desselben durch eine diesen Begriffen correspondirende Anschauung belegt werden, weil dieser, ohne das, keine objective Realität beygelegt, mithin kein Erkenntniß eines solchen Objects zu Stande gebracht werden würde; allein, wenn jene Begriffe nicht constitutive, sondern blos regulative Principien des Gebrauchs der Vernunft abgeben sollen, (wie dieses allemal der Fall mit der Idee eines Noumens ist) so können sie auch als bloße logische Functionen, die zu Begriffen von Dingen, deren Möglichkeit unerweislich ist, ihren in practischer Absicht und zwar unentbehrlichen Gebrauch für die Vernunft haben, weil sie alsdenn nicht als objective Gründe der Möglichkeit der Noumenen, sondern als subjective Principien (des theoretischen oder practischen Gebrauchs der Vernunft) in Ansehung der Phänomenen, gelten. — Doch, wie

wie gesagt, ist hier noch immer blos von den constitutiven Principien der Erkenntniß der Dinge die Rede, und ob es möglich sey, von irgend einem Objecte dadurch, daß ich blos durch Categorien von ihm spreche, ohne diese durch Anschauung (welche bey uns immer sinnlich ist) zu belegen, ein Erkenntniß zu bekommen, wie Herr Eberhard meynt, aber durch alle seine gerühmte Fruchtbarkeit der dürren ontologischen Wüsten nicht zu bewerkstelligen vermag.

Zweyter

Zweyter Abschnitt.

Die Auflösung der Aufgabe:
Wie sind synthetische Urtheile a priori möglich?

nach Herrn Eberhard.

———

Diese Aufgabe, in ihrer Allgemeinheit betrachtet, ist der Stein des Anstoßes, woran alle metaphysische Dogmatiker unvermeidlich scheitern müssen, um den sie daher so weit herumgehen, als es nur möglich ist: wie ich denn noch keinen Gegner der Critik gefunden habe, der sich mit der Auflösung derselben, die für alle Fälle geltend wäre, befaßt hätte. Herr Eberhard, auf seinen Satz des Widerspruchs und den des zureichenden Grundes (den er doch nur als einen analytischen vorträgt) gestützt, wagt sich an diese Unternehmung; mit welchem Glück werden wir bald sehen.

Herr Eberhard hat, wie es scheint, von dem, was die Critik Dogmatism nennt, keinen deutlichen Begriff. So spricht er S. 262. von apodictischen Beweisen, die er geführt haben will, und setzt hinzu: „wenn der ein Dogmatiker ist, der mit Gewißheit Dinge an sich annimmt, so müssen wir uns, es koste was es wolle, dem Schimpf unterwerfen Dogmatiker zu heißen,, und denn sagt er S. 289. „daß die Leibnitzische Philosophie eben so

wohl

wohl eine Vernunftcritik enthalte, als die Kantiſche;
denn ſie gründe ihren Dogmatiſm auf eine genaue
Zergliederung der Erkenntnißvermögen, was durch
ein jedes möglich ſey.„ Nun — wenn ſie dieſes
wirklich thut, ſo enthält ſie ja keinen Dogmatiſm
in dem Sinne, worin unſere Critik dieſes Wort
jederzeit nimmt.

Unter dem Dogmatiſm der Metaphyſik verſteht dieſe nemlich: das allgemeine Zutrauen zu
ihren Principien, ohne vorhergehende Critik des
Vernunftvermögens ſelbſt, blos um ihres Gelingens
willen: unter dem Scepticiſm aber das, ohne vor-
hergegangene Critik, gegen die reine Vernunft ge-
faßte allgemeine Mißtrauen, blos um des Mißlin-
gens ihrer Behauptungen willen). Der Criticiſm
des

*) Das Gelingen im Gebrauche der Principien a priori
iſt die durchgängige Beſtätigung derſelben in ihrer Anwendung auf Erfahrung; denn da ſchenkt man beynahe
dem Dogmatiſer ſeinen Beweis a priori. Das Mißlin-
gen aber mit demſelben, welches den Scepticiſm veran-
laſt, findet nur in den Fällen ſtatt, wo lediglich Beweiſe
a priori verlangt werden können, weil die Erfahrung hierüber nichts beſtätigen oder widerlegen kann, und beſteht
darin, daß Beweiſe a priori von gleicher Stärke, die gerade
das Gegentheil darthun, in der allgemeinen Menſchen-
vernunft enthalten ſind. Die erſtern ſind auch nur Grundſätze der Möglichkeit der Erfahrung, und in der Analytik
enthalten. Weil ſie aber, wenn die Critik ſie nicht
vorher als ſolche wohl geſichert hat, leicht für Grundſätze, welche weiter als blos für Gegenſtände der Erfahrung gelten, gehalten werden, ſo entſpringt ein
Dogmatiſm in Anſehung des Ueberſinnlichen. Die
zwey-

des Verfahrens mit allem, was zur Metaphysik
gehört, (der Zweifel des Aufschubs) ist dagegen
die Maxime eines allgemeinen Mistrauens gegen
alle synthetische Sätze derselben, bevor nicht ein allgemeiner Grund ihrer Möglichkeit in den wesentlichen Bedingungen unserer Erkenntnißvermögen eingesehen worden.

Von dem gegründeten Vorwurfe des Dogmatism befreyet man sich also nicht dadurch, daß man,
wie S. 262. geschieht, sich auf sogenannte apo-
dictische Beweise seiner metaphysischen Behauptungen
beruft; denn das Fehlschlagen derselben, selbst wenn
kein sichtbarer Fehler darin angetroffen wird, (welches gewiß oben der Fall nicht ist) ist an ihnen so
gewöhnlich; und die Beweise vom Gegentheil treten
ihnen oft mit nicht minder großen Klarheit in den
Weg, daß der Sceptiker, wenn er gleich gar nichts
wider das Argument hervorzubringen wüßte, doch
sein non liquet dazwischen zu legen gar wohl berechtigt

zweyten gehen auf Gegenstände, nicht, wie jene, durch
Verstandesbegriffe, sondern durch Ideen, die nie in der
Erfahrung gegeben werden können. Weil sich nun die
Beweise, dazu die Principien lediglich für Erfahrungs-
gegenstände gedacht worden, in solchem Falle nothwendig widersprechen müssen: so muß, wenn man die Critik
vorbeygeht, welche die Grenzscheidung allein bestimmen kann, nicht allein ein Scepticism in Ansehung alles
dessen, was durch bloße Ideen der Vernunft gedacht
wird, sondern endlich ein Verdacht gegen alle Erkenntniß a priori entspringen, welcher denn zuletzt die allgemeine metaphysische Zweifellehre herbeyführt.

tigt iſt. Nur wenn der Beweis auf dem Wege ge=
führt worden, wo eine zur Reife gekommene Critik
vorher die Möglichkeit der Erkenntniß a priori und
ihre allgemeine Bedingungen ſicher angezeigt hat,
kann ſich der Metaphyſiker vom Dogmatiſm, der
bey allen Beweiſen ohne jene doch immer blind iſt,
rechtfertigen, und der Canon der Critik für dieſe Art
der Beurtheilung iſt in der allgemeinen Auflöſung
der Aufgabe enthalten: wie iſt ein ſynthetiſches Er=
kenntniß a priori möglich. Iſt dieſe Aufgabe vor=
her noch nicht aufgelöſet geweſen, ſo waren alle
Metaphyſiker bis auf dieſen Zeitpunct vom Vor=
wurfe des blinden Dogmatiſms oder Scepticiſms
nicht frey, ſie mochten nun durch anderweitige Ver=
dienſte einen noch ſo großen Namen mit allem Rechte
beſitzen.

Dem Herrn Eberhard beliebt es anders. Er
thut, als ob ein ſolcher warnender Ruf, der durch
ſo viel Beyſpiele in der transſcendentalen Dialectik
gerechtfertigt wird, an den Dogmatiker gar nicht
ergangen wäre, und nimmt, lange vor der Critik
unſeres Vermögens a priori ſynthetiſch zu urthei=
len, einen von jeher ſehr beſtrittenen ſynthetiſchen
Satz: nemlich daß Zeit und Raum, und die Dinge
in ihnen, aus einfachen Elementen beſtehen, als
ausgemacht an, ohne auch nur wegen der Mög=
lichkeit einer ſolchen Beſtimmung des Sinnlichen
durch Ideen des Ueberſinnlichen, die mindeſte vor=

her=

hergehende critische Unterfuchung anzuftellen, die ſich ihm durch den Widerſpruch der Mathematik gleichwol aufdringen mußte, und giebt an feinem eigenen Verfahren das beſte Beyſpiel von dem, was die Critik den Dogmatiſm nennt, der aus aller Transſcendentalphiloſophie auf immer verwieſen bleiben muß, und deſſen Bedeutung ihm, wie ich hoffe, jetzt an ſeinem eigenen Beyſpiele verſtändlicher ſeyn wird.

Es iſt nun, ehe man an die Auflöſung jener Principal = Aufgabe geht, freylich unumgänglich nothwendig, einen deutlichen und beſtimmten Begriff davon zu haben, was die Critik erſtlich unter ſynthetiſchen Urtheilen, zum Unterſchiede von den analytiſchen, überhaupt verſtehe: zweytens, was ſie mit dem Ausdrucke von dergleichen Urtheilen, als Urtheilen a priori, zum Unterſchiede von empiriſchen, ſagen wolle. — Das erſtere hat die Critik ſo deutlich und wiederholentlich dargelegt, als nur verlangt werden kann. Sie ſind Urtheile, durch deren Prädicat ich dem Subjecte des Urtheils mehr beylege, als ich in dem Begriffe denke, von dem ich das Prädicat ausſage, welches letztere alſo das Erkenntniß über das, was jener Begriff enthielt, vermehrt; dergleichen durch analytiſche Urtheile nicht geſchieht, die nichts thun, als das, was ſchon in dem gegebenen Begriffe wirklich gedacht und enthalten war; nur als zu ihm gehörig klar

F   vor=

vorzustellen und auszusagen. — Das zweyte,
nemlich was ein Urtheil *a priori*, zum Unterschiede
des empirischen, sey, macht hier keine Schwierigkeit, weil es ein in der Logik längst bekandter
und benannter Unterschied ist, und nicht, wie der
erstere, wenigstens (wie Herr Eberhard will) unter einem neuen Namen auftritt. Doch ist, um
des Herrn Eberhards willen, hier nicht überflüssig
anzumerken: daß ein Prädicat, welches durch
einen Satz a priori einem Subjecte beygelegt wird,
eben dadurch als dem letzteren nothwendig ange-
hörig (von den Begriffen desselben unabtrennlich)
ausgesagt wird. Solche Prädicate werden auch
zum Wesen (der inneren Möglichkeit des Begriffs)
gehörige (ad essentiam *) pertinentia) Prädicate
genannt, dergleichen folglich alle Sätze, die a priori
gelten, enthalten müssen; die übrigen, die nemlich
vom Begriffe (unbeschadet desselben) abtrennli-
che, heißen außerwesentliche Merkmale (extra-
essentialia). Die ersteren gehören nun zum Wesen entweder als Bestandstücke desselben (ut con-
stitutiva), oder als darin zureichend gegründete
Folgen aus demselben (ut rationata). Die ersteren heißen wesentliche Stücke (essentialia), die
                                                        also

---

*) Damit bey diesem Worte auch der geringste Schein
einer Erklärung im Cirkel vermieden werde, kann
man, statt des Ausdrucks ad essentiam, den an diesem
Orte gleichlautenden, ad internam possibilitatem per-
nentia, brauchen.

also kein Prädicat enthalten, welches aus anderen
in demselben Begriffe enthaltenen abgeleitet werden könnte, und ihr Inbegriff macht das logische
Wesen (essentia) aus; die zweyten werden Eigenschaften (attributa) genannt. Die außerordent-
lichen Merkmale sind entweder innere (modi),
oder Verhältnißmerkmale (relationes), und können
in Sätzen a priori nicht zu Prädicaten dienen,
weil sie vom Begriffe des Subjects abtrennlich und
also nicht nothwendig mit ihm verbunden sind. —
Nun ist klar, daß, wenn man nicht vorher schon
irgend ein Criterium eines synthetischen Satzes
a priori gegeben hat, dadurch, daß man sagt, sein
Prädicat sey ein Attribut, auf keinerley Weise der
Unterschied desselben von analytischen erhelle. Denn
dadurch, daß es ein Attribut genannt wird, wird
weiter nichts gesagt, als daß es, als nothwendige
Folge, vom Wesen abgeleitet werden könne: ob
analytisch, nach dem Satze des Widerspruchs,
oder synthetisch, nach irgend einem andern Grundsatze, das bleibt dabey gänzlich unbestimmt. So
ist in dem Satze: ein jeder Körper ist theilbar, das
Prädicat ein Attribut, weil es von einem wesentlichen Stücke des Begriffs des Subjects, nemlich
der Ausdehnung, als nothwendige Folge abgeleitet werden kann. Es ist aber ein solches Attribut,
welches als nach dem Satze des Widerspruchs zu
dem Begriffe des Körpers gehörig vorgestellt wird,

mit-

mithin der Satz selber, unerachtet er ein Attribut vom Subjecte aussagt, dennoch analytisch. Dagegen ist die Beharrlichkeit auch ein Attribut der Substanz; denn sie ist ein schlechterdings nothwendiges Prädicat derselben, aber im Begriffe der Substanz selber nicht enthalten, kann also durch keine Analysis aus ihm (nach dem Satze des Widerspruchs) gezogen werden; und der Satz: eine jede Substanz ist beharrlich, ist ein synthetischer Satz. Wenn es also von einem Satze heißt: er habe zu seinem Prädicat ein Attribut des Subjects, so weiß niemand, ob jener analytisch oder synthetisch sey; man muß also hinzusetzen: er enthalte ein synthetisches Attribut, d. i. ein nothwendiges (obzwar abgeleitetes), mithin a priori kennbares, Prädicat in einem synthetischen Urtheile. Also ist nach Herrn Eberhard die Erklärung synthetischer Urtheile a priori: sie sind Urtheile, welche synthetische Attribute von den Dingen aussagen. Herr Eberhard stürzt sich in diese Tautologie, um, wo möglich, nicht allein etwas besseres und bestimmteres von der Eigenthümlichkeit synthetischer Urtheile a priori zu sagen, sondern auch mit der Definition derselben zugleich ihr allgemeines Princip anzuzeigen, wornach ihre Möglichkeit beurtheilt werden kann, welches die Critik nur durch mancherley beschwerliche Bemühungen zu leisten vermochte. Nach ihm sind S. 315 „analytische Ur-

theile

theile solche, deren Prädicat das Wesen, oder einige von den wesentlichen Stücken des Subjects, aussagen; synthetische Urtheile aber S. 316, wenn sie nothwendige Wahrheiten sind, haben Attribute zu ihren Prädicaten.,, Durch das Wort Attribut bezeichnete er die synthetischen Urtheile als Urtheile a priori (wegen der Nothwendigkeit ihrer Prädicate), aber zugleich als solche, die rationata des Wesens, nicht das Wesen selbst, oder einige Stücke desselben, aussagen, und giebt also Anzeige auf den Satz des zureichenden Grundes, vermittelst dessen sie allein vom Subjecte prädicirt werden können, und verließ sich darauf, man werde nicht bemerken, daß dieser Grund hier nur ein logischer Grund seyn dürfe, nemlich der nichts weiter bezeichnet, als daß das Prädicat, zwar nur mittelbar, aber immer doch dem Satze des Widerspruchs zufolge, aus dem Begriffe des Subjects hergeleitet werde, wodurch er dann, unerachtet er ein Attribut aussagt, doch analytisch seyn kann, und also das Kennzeichen eines synthetischen Satzes nicht bey sich führt. Daß es ein synthetisches Attribut seyn müsse, um den Satz, dem er zum Prädicate dient, der letzteren Classe beyzählen zu können, hütete er sich sorgfältig herauszusagen, unerachtet es ihm wol beygefallen seyn muß, daß diese Einschränkung nothwendig sey; weil sonst die Tautologie gar zu klar in die Augen gefallen seyn würde, und so

F 3

brachte

brachte er ein Ding heraus, was dem Unerfahre-
nen neu und von Gehalt zu seyn scheint, in der That
aber bloßer leicht durchzusehender Dunst ist.

Man sieht nun auch, was sein Satz des zureichenden Grundes sagen will, den er oben so
vortrug, daß man (vornemlich nach dem Beyspiele,
das er dabey angeführt, zu urtheilen) glauben
sollte, er hätte ihn vom Realgrunde verstanden, da
Grund und Folge realiter von einander unterschieden sind, und der Satz, der sie verbindet, auf die
Weise ein synthetischer Satz ist. Keinesweges!
vielmehr hat er sich wohlbedächtig damals schon
auf die künftigen Fälle seines Gebrauchs vorgesehen
und ihn so unbestimmt ausgesagt, damit er ihm
gelegentlich eine Bedeutung geben könnte, wie es
Noth thäte, mithin auch bisweilen zum Princip
analytischer Urtheile brauchen könnte, ohne daß der
Leser es doch bemerkte. Ist denn der Satz: ein
jeder Körper ist theilbar, darum weniger analytisch,
weil sein Prädicat allererst aus dem unmittelbar
zum Begriffe Gehörigen (dem wesentlichen Stücke),
nemlich der Ausdehnung, durch Analysin gezogen
werden kann? Wenn von einem Prädicate, welches nach dem Satze des Widerspruchs unmittelbar
an einem Begriffe erkannt wird, ein anderes,
welches gleichfalls nach dem Satze des Widerspruchs von diesem abgeleitet wird, gefolgert wird:
ist alsdenn der letztere weniger nach dem Satze des

Wi-

Widerspruch von dem erſteren abgeleitet, als
dieſes?

Vor der Hand iſt alſo erſtlich die Hoffnung
zur Erklärung ſynthetiſcher Sätze a priori durch
Sätze, die Attribute ihres Subjects zu Prädicaten
haben, zernichtet, wenn man nicht zu dieſen, daß
ſie ſynthetiſch ſind, hinzuſetzen und ſo eine offen=
bare Tautologie begehen will: zweytens dem Satze
des zureichenden Grundes, wenn er ein beſonderes
Princip abgeben ſoll, Schranken geſetzt, daß er
als ein ſolcher, niemals anders, als ſo fern er eine
ſynthetiſche Verknüpfung der Begriffe berechtigt,
in der Transſcendentalphiloſophie zugelaſſen werde.
Hiemit mag man nun den freudigen Ausruf des
Verfaſſers S. 317 vergleichen. „So hätten wir
alſo bereits die Unterſcheidung der Urtheile in ana=
lytiſche und ſynthetiſche und zwar mit der ſchärf=
ſten Angabe ihrer Gränzbeſtimmung (daß die erſte
blos auf die Eſſentialien, die zweyte lediglich auf
Attribute gehen) aus dem fruchtbarſten und ein=
leuchtendſten Eintheilungsgrunde (dieſes deutet auf
ſeine oben gerühmte fruchtbare Felder der Ontologie)
hergeleitet und mit der völligſten Gewißheit, daß
die Eintheilung ihren Eintheilungsgrund gänzlich
erſchöpft.,,

Indeſſen ſcheint Herr Eberhard, bey dieſem
triumphirenden Ausruf, des Sieges doch nicht ſo
ganz gewiß zu ſeyn. Denn S. 318, nachdem er

es

für ganz ausgemacht angenommen, daß Wolf
und Baumgarten daſſelbe, was die Critik nur unter einem anderen Namen auf die Bahn bringe,
längſt gekannt und ausdrücklich, obzwar anders,
bezeichnet hätten, wird er auf einmal ungewiß,
welche Prädicate in ſynthetiſchen Urtheilen ich wol
meynen möge, und nun wird eine Staubwolke von
Diſtinctionen und Claſſificationen der Prädicate,
die in Urtheilen vorkommen können, erregt, daß
dafür die Sache, wovon die Rede iſt, nicht mehr
geſehen werden kann; alles, um zu beweiſen,
daß ich die ſynthetiſchen Urtheile, vornemlich die
a priori, zum Unterſchiede von den analytiſchen,
anders habe definiren ſollen, als ich gethan habe.
Die Rede iſt hier auch gar noch nicht von meiner
Art der Auflöſung der Frage, wie dergleichen Urtheile möglich ſind, ſondern nur, was ich darunter
verſtehe, und daß, wenn ich in ihnen eine Art Prädicate annehme, ſie (S. 319) zu weit; verſtehe ich
ſie aber von einer anderen Art, ſie (S. 320) zu
enge ſey. Nun iſt aber klar, daß, wenn ein Begriff allererſt aus der Definition hervorgeht, es
unmöglich iſt, daß er zu enge oder zu weit ſey,
denn er bedeutet alsdenn nichts mehr, auch nichts
weniger, als was die Definition von ihm ſagt.
Alles, was man dieſer noch vorwerfen könnte, wäre:
daß ſie etwas an ſich Unverſtändliches, was alſo
zum Erklären gar nicht taugt, enthalte. Der

größte

größte Künstler im Verdunkeln dessen, was klar ist,
kann aber gegen die Definition, welche die Critik
von synthetischen Sätzen giebt, nichts ausrichten:
Sie sind Sätze, deren Prädicat mehr in sich enthält,
als im Begriffe des Subjects wirklich gedacht wird;
mit anderen Worten, durch deren Prädicat etwas
zu dem Gedanken des Subjects hinzugethan wird,
was in demselben nicht enthalten war; Analytische
sind solche, deren Prädicat nur eben dasselbe enthält, was in dem Begriffe des Subjects dieser Urtheile gedacht war. Nun mag das Prädicat der
ersteren Art Sätze, wenn sie Sätze a priori sind,
ein Attribut (von dem Subject des Urtheils), oder
wer weiß was anders seyn, so darf diese Bestimmung, ja sie muß nicht in die Definition kommen,
wenn es auch auf eine so belehrende Art, wie Herr
Eberhard es ausgeführt hat, von dem Subjecte
bewiesen wäre; das gehört zur Deduction der Möglichkeit der Erkenntniß der Dinge durch solche Art
Urtheile, die allererst nach der Definition erscheinen
muß. Nun findet er aber die Definition unver-
ständlich, zu weit oder zu enge, weil sie dieser seiner vermeinten näheren Bestimmung des Prädicats
solcher Urtheile nicht anpaßt.

Um eine ganz klare, einfache Sache so sehr
als möglich in Verwirrung zu bringen, bedient sich
Herr Eberhard allerley Mittel, die aber eine für
seine Absicht ganz widrige Wirkung thun.

S.

S. 308 heißt es: „die ganze Metaphysik enthält, wie Herr Kant behauptet, lauter analytische Urtheile,, und führt, als Beleg seiner Zumuthung, eine Stelle aus den Prolegomenen S. 33 an. Er spricht dieses so aus, als ob ich es von der Metaphysik überhaupt sagte, da doch an diesem Orte schlechterdings nur von der bisherigen Metaphysik, so fern ihre Sätze auf gültige Beweise gegründet sind, die Rede ist. Denn von der Metaphysik an sich heißt es S. 36 der Proleg.: „eigentlich metaphysische Urtheile sind insgesammt synthetisch.,, Aber auch von der bisherigen wird in den Prolegomenen unmittelbar nach der angeführten Stelle gesagt: „daß sie auch synthetische Sätze vortrage, die man ihr gerne einräumt, die sie aber niemals a priori bewiesen habe.,, Also nicht: daß die bisherige Metaphysik keine synthetische Sätze, (denn sie hat deren mehr als zuviel) und unter diesen auch ganz wahre Sätze enthalte, (die nemlich die Principien einer möglichen Erfahrung sind,) sondern nur daß sie keinen derselben aus Gründen a priori bewiesen habe, wird an der gedachten Stelle behauptet, und, um diese meine Behauptung zu widerlegen, hätte Herr Eberhard nur einen dergleichen apodictisch bewiesenen Satz anführen dürfen; denn der vom zureichenden Grunde, mit seinem Beweise, S. 163 — 164 seines Magazins, wird meine Behauptung wahrlich nicht widerlegen.

Eben

Eben so angedichtet ist auch S. 314, „ daß ich be=
haupte, die Mathematik sey die einzige Wissen=
schaft, die synthetische Urtheile a priori enthalte.„
Er hat die Stelle nicht angeführt, wo dieses von
mir gesagt seyn solle; daß aber vielmehr das Ge=
gentheil von mir umständlich behauptet sey, müßte
ihm der zweyte Theil der transscendentalen Haupt=
frage, wie reine Naturwissenschaft möglich sey,
(Prolegom. S. 71 bis 124.) unverfehlbar vor Au=
gen stellen, wenn es ihm nicht beliebte gerade das
Gegentheil davon zu sehen. S. 318 schreibt er
mir die Behauptung zu, „ die Urtheile der Mathe=
matik ausgenommen wären nur die Erfahrungs=
urtheile synthetisch„ da doch die Critik (erste Aufl.
S. 158 bis 235.) die Vorstellung eines ganzen
Systems von metaphysischen und zwar synthetischen
Grundsätzen aufstellt und sie durch Beweise a priori
darthut. Meine Behauptung war: daß gleich=
wol diese Grundsätze nur Principien der Möglich=
keit der Erfahrung sind; er macht daraus, „ daß
sie nur Erfahrungsurtheile sind,„ mithin aus dem,
was ich als Grund der Erfahrung nenne, eine
Folge derselben. So wird alles, was aus der
Critik in seine Hände kommt, vorher verdreht und
verunstaltet, um es einen Augenblick im falschen
Lichte erscheinen zu lassen.

Noch ein anderes Kunststück, um in seinen
Gegenbehauptungen ja nicht festgehalten zu wer=
den,

den, ist: daß er sie in ganz allgemeinen Ausdrücken und so abstract, als ihm nur möglich, vorträgt, und sich hütet ein Beyspiel anzuführen, daran
man sicher erkennen könne, was er damit wolle.
So theilt er S. 318 die Attribute in solche ein, die
entweder a priori oder a posteriori erkannt werden,
und sagt: es schiene ihm, ich verstehe unter meinen
synthetischen Urtheilen „blos die nicht schlechterdings nothwendigen Wahrheiten, und von den
schlechterdings nothwendigen die letztere Art Urtheile,
deren nothwendige Prädicate nur a posteriori von
dem menschlichen Verstande erkannt werden können.„ Dagegen scheint es mir, daß mit diesen
Worten etwas Anderes habe gesagt werden sollen,
als er wirklich gesagt hat; denn so, wie sie da stehen, ist darin ein offenbarer Widerspruch. Prädicate, die nur a posteriori und doch als nothwendig
erkannt werden, imgleichen Attribute von solcher
Art, die man nemlich nach S. 321 „aus dem
Wesen des Subjects nicht herleiten kann„, sind nach
der Erklärung, die Herr Eberhard selbst oben von
den letzteren angab, ganz undenkbare Dinge. Wenn
nun darunter dennoch etwas gedacht, und der Einwurf, den Herr Eberhard von dieser wenigstens un-
verständlichen Distinction gegen die Brauchbarkeit
der Definition, welche die Critik von synthetischen
Urtheilen gab, beantwortet werden soll, so müßte
er von jener seltsamen Art von Attributen doch we-

nig-

nigstens ein Beyspiel geben; so aber kann ich einen
Einwurf nicht widerlegen, mit dem ich keinen
Sinn zu verbinden weiß. Er vermeidet, so viel
er kann, Beyspiele aus der Metaphysik anzuführen, sondern hält sich, so lange es möglich ist, an
die aus der Mathematik, woran er auch seinem
Interesse ganz gemäß verfährt. Denn er will dem
harten Vorwurfe, daß die bisherige Metaphysik
ihre synthetische Sätze a priori schlechterdings nicht
beweisen könne, (weil sie solche, als von Dingen
an sich selbst gültig, aus ihren Begriffen beweisen
will,) ausweichen, und wählt daher immer Beyspiele
aus der Mathematik, deren Sätze auf strenge Beweise gegründet werden, weil sie Anschauung
a priori zum Grunde legen, welche er aber durch-
aus nicht als wesentliche Bedingung der Möglichkeit aller synthetischen Sätze a priori gelten lassen
kann, wenn er nicht zugleich alle Hoffnung aufge-
ben will, sein Erkenntniß bis zum Uebersinnlichen,
dem keine uns mögliche Anschauung correspondirt, zu
erweitern, und so seine fruchtverheißende Felder der
Psychologie und Theologie unangebaut lassen will.
Wenn man also seiner Einsicht, oder auch seinem
Willen, in einer streitigen Sache Aufschluß zu verschaffen, nicht sonderlich Beyfall geben kann, so
muß man doch seiner Klugheit Gerechtigkeit wider-
fahren lassen, keine auch nur scheinbare Vortheile
unbenutzt zu lassen.

Trägt

Trägt es sich aber zu, daß Herr Eberhard, wie von ungefähr, auf ein Beyspiel aus der Metaphysik stößt, so verunglückt er damit jederzeit und zwar so, daß es gerade das Gegentheil von dem beweiset, was er dadurch hat bestätigen wollen. Oben hatte er beweisen wollen, daß es außer dem Satze des Widerspruchs noch ein anderes Princip der Möglichkeit der Dinge geben müsse, und sagt doch, daß dieses aus dem Satze des Widerspruchs gefolgert werden müßte, wie er es denn auch wirklich davon abzuleiten versucht. Nun sagt er S. 319: „der Satz: Alles nothwendige ist ewig, alle nothwendige Wahrheiten sind ewige Wahrheiten, ist augenscheinlich ein synthetischer Satz, und doch kann er a priori erkannt werden.„ Er ist aber augenscheinlich analytisch, und man kann aus diesem Beyspiele hinreichend ersehen, welchen verkehrten Begriff sich Herr Eberhard von diesem Unterschiede der Sätze, den er doch so aus dem Grunde zu kennen vorgiebt, noch immer mache. Denn Wahrheit wird er doch nicht als ein besonderes in der Zeit existirendes Ding ansehen wollen, dessen Daseyn entweder ewig sey, oder nur eine gewisse Zeit daure. Daß alle Körper ausgedehnt sind, ist nothwendig und ewig wahr, sie selbst mögen nun existiren oder nicht, kurz oder lange, oder auch alle Zeit hindurch, d. i. ewig existiren. Der Satz will nur sagen: sie hängen nicht von der Erfahrung ab

(die

(die zu irgend einer Zeit angestellt werden muß,)
und sind also auf gar keine Zeitbedingung be-
schränkt, -d. i. sie sind a priori als Wahrheiten
erkennbar, welches mit dem Satze, sie sind als nothwendige Wahrheiten erkennbar, ganz identisch ist.

Eben so ist es auch mit dem S. 325 angeführten Beyspiele bewandt, wobey man zugleich
ein Beyspiel seiner Genauigkeit in Berufung auf
Sätze der Critik bemerken muß, indem er sagt:
„ich sehe nicht, wie man der Metaphysik alle synthetische Urtheile absprechen wolle.,, Nun hat die
Critik, weit gefehlt dieses zu thun, vielmehr (wie
schon vorher gemeldet worden) ein ganzes und in
der That vollständiges System solcher Urtheile als
wahrer Grundsätze aufgeführt; nur hat sie zugleich
gezeigt, daß diese insgesammt nur die synthetische
Einheit des Mannigfaltigen der Anschauung (als
Bedingung der Möglichkeit der Erfahrung) aussagen, und also auch lediglich auf Gegenstände, so
fern sie in der Anschauung gegeben werden können,
anwendbar sind. Das metaphysische Beyspiel,
was er nun von synthetischen Sätzen a priori, doch
mit der behutsamen Einschränkung: wenn die Metaphysik einen solchen Satz bewiese, anführt: „Alle
endliche Dinge sind veränderlich, und das unendliche Ding ist unveränderlich,„, ist in beiden analytisch. Denn realiter d. i. dem Daseyn nach
veränderlich ist, daß dessen Bestimmungen in der
Zeit

Zeit einander folgen können; mithin ist nur das veränderlich, was nicht anders als in der Zeit existiren kann. Diese Bedingung aber ist nicht nothwendig mit dem Begriffe eines endlichen Dinges überhaupt (welches nicht alle Realität hat), sondern nur mit einem Dinge als Gegenstande der sinnlichen Anschauung verbunden. Da nun Herr Eberhard seine Sätze a priori als von dieser letzteren Bedingung unabhängig behaupten will, so ist sein Satz, daß alles Endliche, als ein solches, (d. i. um seines bloßen Begriffs willen, mithin auch als Noumenon,) veränderlich sey, falsch. Also müßte der Satz: Alles Endliche ist als ein solches veränderlich, nur von der Bestimmung seines Begriffs, mithin logisch verstanden werden, da dann unter veränderlich dasjenige gemeint wird, was durch seinen Begriff nicht durchgängig bestimmt ist, mithin was auf mancherley entgegengesetzte Art bestimmt werden kann. Alsdenn aber wäre der Satz, daß endliche Dinge, d. i. alle, außer dem allerrealesten, logisch (in Absicht auf den Begriff, den man sich von ihnen machen kann) veränderlich sind, ein analytischer Satz; denn es ist ganz identisch, zu sagen: ein endliches Ding denke ich mir dadurch, daß es nicht alle Realität habe, und zu sagen: durch diesen Begriff von ihm ist nicht bestimmt, welche, oder wie viel, ich ihm Realität beylegen solle; d. i. ich kann ihm bald dieses,

bald

bald jenes beylegen, und, dem Begriff von der Endlichkeit deſſelben unbeſchadet, die Beſtimmung deſſelben auf mancherley Weiſe veränderen. Eben auf dieſelbe Art, nemlich logiſch, iſt das unendliche Weſen unveränderlich; weil, wenn darunter dasjenige Weſen verſtanden wird, was, vermöge des Begriffs von ihm, nichts als Realität zum Prädicate haben kann, mithin durch denſelben ſchon durchgängig (wohl zu verſtehen, in Anſehung der Prädicate, von denen wir, ob ſie wahrhaftig real ſind, oder nicht, gewiß ſind,) beſtimmt iſt, ſeinem Begriffe unbeſchadet, an die Stelle keines einzigen Prädicats deſſelben ein anderes geſetzt werden kann; aber da erhellet auch zugleich: daß dieſer Satz ein blos analytiſcher Satz ſey, der nemlich kein anderes Prädicat ſeinem Subjecte beylegt, als aus dieſem durch den Satz des Widerſpruchs entwickelt werden kann *). Wenn man mit bloßen Begriffen ſpielt, um

*) Zu den Sätzen, die blos in die Logik gehören, aber ſich durch die Zweydeutigkeit ihres Ausdrucks für in die Metaphyſik gehörige einſchleichen, und ſo, ob ſie gleich analytiſch ſind, für ſynthetiſch gehalten werden, gehört auch der Satz: die Weſen der Dinge ſind unveränderlich, d. i. man kann in dem, was weſentlich zu ihrem Begriffe gehört, nichts ändern, ohne dieſen Begriff ſelber zugleich mit aufzuheben. Dieſer Satz, welcher in Baumgartens Metaphyſik §. 132. und zwar im Hauptſtücke von dem Veränderlichen und Unveränderlichen ſteht, wo (wie es auch recht iſt) Veränderung durch

G

um deren objective Realität einem nichts zu thun
ist, so kann man viel dergleichen täuschende Erweiterungen der Wissenschaft sehr leicht herausbringen,
ohne Anschauung zu bedürfen, welches aber ganz
anders lautet, so bald man auf vermehrte Erkenntniß des Objects hinausgeht. Zu einer solchen, aber
blos scheinenden, Erweiterung gehört auch der Satz:
Das unendliche Wesen (in jener metaphysischen Bedeutung genommen) ist selbst nicht realiter veränderlich, d. i. seine Bestimmungen folgen in ihm nicht in
der Zeit (darum weil sein Daseyn, als bloßen Noumens,

---

durch die Existenz der Bestimmungen eines Dinges
nach einander, (ihre Succession,) mithin durch die
Folge derselben in der Zeit erklärt wird, lautet so,
als ob dadurch ein Gesetz der Natur, welches unsern
Begriff von den Gegenständen der Sinne (vornemlich
da von der Existenz in der Zeit die Rede ist) erweiterte,
vorgetragen würde. Daher auch Lehrlinge dadurch etwas Erhebliches gelernt zu haben glauben, und z. B.
die Meinung einiger Mineralogen, als ob Kieselerde
wol nach und nach in Thonerde verwandelt werden
könne, dadurch kurz und gut abfertigen, daß sie sagen:
die Wesen der Dinge sind unveränderlich. Allein dieser metaphysische Sinnspruch ist ein armer identischer
Satz, der mit dem Daseyn der Dinge und ihren möglichen oder unmöglichen Veränderungen gar nichts zu
thun hat, sondern gänzlich zur Logik gehört, und etwas
einschärft, was ohnedem keinem Menschen zu leug-
nen einfallen kann, nemlich daß, wenn ich den Begriff
von einem und demselben Object behalten will, ich
nichts an ihm abändern, d. i. das Gegentheil von demjenigen, was ich durch jenen denke, nicht von ihm prä-
diciren müsse.

mens, ohne Widerspruch nicht in der Zeit gedacht
werden kann), welches eben so wohl ein blos ana=
lytischer Satz ist, wenn man die synthetischen Prin=
cipien von Raum und Zeit als formalen Anschauun=
gen der Dinge, als Phänomenen, voraussetzt. Denn
da ist er mit dem Satze der Critik: Der Begriff
des allerrealesten Wesens ist kein Begriff eines
Phänomens, identisch, und, weit gefehlt daß er das
Erkenntniß des unendlichen Wesens als synthetischer
Satz erweitern sollte, so schließt er vielmehr seinen
Begriff dadurch, daß er ihm die Anschauung ab=
spricht; von aller Erweiterung aus. — Noch ist
anzumerken, daß Herr Eberhard, indem er obbe=
nannten Sätze aufstellt, behutsam hinzusetzt: „wenn
die Metaphysik sie beweisen kann.„ Ich habe den
Beweisgrund desselben so fort mit angezeigt, durch
den sie, als ob er einen synthetischen Satz mit sich
führte, zu täuschen pflegt, und der auch der einzige
mögliche ist, um Bestimmungen, (wie die des Un=
veränderlichen) die, auf das logische Wesen (des
Begriffs) bezogen, eine gewisse Bedeutung haben,
nachher vom Realwesen (der Natur des Objects)
in ganz anderer Bedeutung zu brauchen. Der Le=
ser darf sich daher nicht durch dilatorische Antwor=
ten (die am Ende doch auf den lieben Baumgarten
auslaufen werden, der auch Begriff für Sache
nimmt,) hinhalten lassen, sondern kann auf der
Stelle selbst urtheilen.

Man

Man sieht aus der ganzen Verhandlung die=
ser Nummer: daß Herr Eberhard von synthetischen
Urtheilen a priori entweder schlechterdings keinen
Begriff habe, oder, welches wahrscheinlicher ist,
ihn absichtlich so zu verwirren suche, damit der Le=
ser über das, was er mit Händen greifen kann,
zweifelhaft werde. Die zwey einzige metaphysische
Beyspiele, die er, ob sie gleich, genau besehen,
analytisch sind, doch gerne für synthetisch möchte
durchschlüpfen lassen, sind: alle nothwendige Wahr=
heiten sind ewig (hier hätte er eben so gut das
Wort unveränderlich brauchen können) und das
nothwendige Wesen ist unveränderlich. Die Ar=
muth an Beyspielen, indessen daß ihm die Critik eine
Menge derselben, die ächt synthetisch sind, darbot,
läßt sich gar wohl erklären. Es war ihm daran
gelegen, solche Prädicate für seine Urtheile zu haben,
die er als Attribute des Subjects aus dessen bloßem
Begriffe beweisen konnte. Da dieses nun, wenn
das Prädicat synthetisch ist, gar nicht angeht, so
mußte er sich ein solches aussuchen, womit man
schon in der Metaphysik gewöhnlich gespielt hat,
indem man es bald in blos logischer Beziehung auf
den Begriff des Subjects, bald in realer auf den
Gegenstand betrachtete, und doch darin einerley
Bedeutung zu finden glaubte, nemlich den Begriff
des Veränderlichen und Unveränderlichen; welches
Prädicat, wenn man die Existenz des Subjects des=

selben

selben in die Zeit setzt, allerdings ein Attribut derselben und ein synthetisches Urtheil giebt, aber alsdenn auch sinnliche Anschauung und das Ding selber, obwol nur als Phänomen, voraussetzt, welches aber zur Bedingung synthetischer Urtheile anzunehmen ihm gar nicht gelegen war. Anstatt nun
das Prädicat unveränderlich, als von Dingen (in
ihrer Existenz) geltend, zu brauchen, bedient er
sich desselben bey Begriffen von Dingen, da alsdenn
freylich die Unveränderlichkeit ein Attribut aller Prädicate ist, so fern sie nothwendig zu einem gewissen
Begriffe gehören; diesem Begriffe selbst mag nun
irgend ein Gegenstand correspondiren, oder er mag
auch ein leerer Begriff seyn. — Vorher hatte er
schon mit dem Satze des Grundes eben dasselbe
Spiel getrieben. Man sollte denken, er trage einen
metaphysischen Satz vor, der etwas a priori von
Dingen bestimme, und er ist ein blos logischer, der
nichts weiter sagt, als: damit ein Urtheil ein Satz
sey, muß es nicht blos als möglich, (problematisch)
sondern zugleich als gegründet (ob analytisch oder
synthetisch, ist einerley) vorgestellt werden. Der
metaphysische Satz der Caussalität lag ihm ganz
nahe; er hütete sich aber wohl ihn anzurühren, (denn
das Beyspiel, welches er von dem letzteren anführt,
paßt nicht zur Allgemeinheit jenes obersten vorgeblichen Grundsatzes aller synthetischen Urtheile). Die
Ursache war: er wollte eine logische Regel, die

gänz-

gänzlich analytisch ist und von aller Beschaffenheit
der Dinge abstrahirt, für ein Naturprincip, um
welches es der Metaphysik allein zu thun ist, durch=
schlüpfen lassen.

Herr Eberhard muß gefürchtet haben, daß
der Leser dieses Blendwerk endlich doch durchschauen
möchte, und sagt daher zum Schlusse dieser Nummer
S. 331., daß „der Streit, ob ein Satz ein analyti=
scher oder synthetischer sey, in Rücksicht auf seine
logische Wahrheit ein unerheblicher Streit sey,„
um ihn dem Leser einmal für allemal aus den Augen
zu bringen. Aber vergeblich. Der bloße gesunde
Menschenverstand muß an der Frage festhalten, so
bald sie ihm einmal klar vorgelegt worden. Daß
ich über einen gegebenen Begriff mein Erkenntniß
erweitern könne, lehrt mich die tägliche Vermehrung
meiner Kenntnisse durch die sich immer vergrößernde
Erfahrung. Allein, wenn gesagt wird: daß ich
sie über die gegebenen Begriffe hinaus, auch ohne
Erfahrung, vermehren, d. i. a priori synthetisch
urtheilen könne, und man setzte hinzu, daß hiezu
nothwendig etwas mehr erfodert werde, als diese
Begriffe zu haben, es gehöre noch ein Grund da=
zu, um mehr, als ich in jenen schon denke, mit
Wahrheit hinzu zu thun; so würde ich ihn ausla=
chen, wenn er mir sagte, daß dieser Satz, ich
müsse über meinen Begriff noch irgend einen Grund
haben,

haben, um mehr zu sagen als in ihm liegt, sey derjenige Grundsaß selbst, welcher zu jener Erweiterung schon hinreichend sey, indem ich mir nur vorstellen dürfe, dieses Mehrere, was ich a priori als zum Begriffe eines Dinges gehörig, doch aber nicht in ihm enthalten, denke, sey ein Attribut. Denn ich will wissen, was denn das für Grund sey, der mich außer dem, was meinem Begriffe wesentlich eigen ist, und was ich schon wußte, mit mehrerem und zwar nothwendig als Attribut zu einem Dinge gehörigen, aber doch nicht im Begriffe desselben enthaltenen, bekandt macht. Nun fand ich: daß die Erweiterung meiner Erkenntniß durch Erfahrung auf der empirischen (Sinnen=) Anschauung beruhete, in welcher ich Vieles antraf, was meinem Begriffe correspondirte, aber auch noch Mehreres, was in diesem Begriffe noch nicht gedacht war, als mit jenem verbunden, lernen konnte. Nun begreife ich leicht, wenn man mich nur darauf führt: daß, wenn eine Erweiterung der Erkenntniß über meinen Begriff a priori stattfinden soll, so werde, wie dort eine empirische Anschauung, so zu dem letzteren Behuf eine reine Anschauung a priori erfoderlich seyn; nur bin ich verlegen, wo ich sie antreffen und wie ich mir die Möglichkeit derselben erklären soll. Jetzt werde ich durch die Critik angewiesen, alles empirische, oder wirklich=empfindbare im Raum und der Zeit wegzulassen, mithin alle

Dinge

Dinge ihrer empirischen Vorstellung nach zu vernichten, und so finde ich, daß Raum und Zeit, gleich als einzelne Wesen, übrig bleiben, von denen die Anschauung, vor allen Begriffen von ihnen und der Dinge in ihnen, vorhergeht, bey welcher Beschaffenheit dieser ursprünglichen Vorstellungsarten ich sie mir nimmermehr anders, als bloße subjective (aber positive) Formen meiner Sinnlichkeit, (nicht blos als Mangel der Deutlichkeit der Vorstellungen durch dieselbe) nicht als Formen der Dinge an sich selbst, also nur der Objecte aller sinnlichen Anschauung, mithin bloßer Erscheinungen, denken müsse. Hiedurch wird mir nun klar, nicht allein wie synthetische Erkenntnisse a priori, so wohl in der Mathematik als Naturwissenschaft, möglich seyn, indem jene Anschauungen a priori diese Erweiterung möglich, und die synthetische Einheit, welche der Verstand allemal dem Mannigfaltigen derselben geben muß, um ein Object derselben zu denken, sie wirklich machen; sondern muß auch zugleich inne werden, daß, da der Verstand seiner Seits nicht auch anschauen kann, jene synthetische Sätze a priori über die Grenzen der sinnlichen Anschauung hinaus nicht getrieben werden können; weil alle Begriffe über dieses Feld hinaus leer und ohne einen ihnen correspondirenden Gegenstand seyn müssen; indem ich, um zu solchen Erkenntnissen zu gelangen, von meinem Vorrathe, den ich zur Erkenntniß der Ge-

gen-

genſtånde der Sinne brauche, einiges wegzulaſſen,
was an jenen niemals wegzulaſſen iſt, oder das
andere ſo zu verbinden, als es niemals an jenem
verbunden ſeyn kann, und mit ſo Begriffe zu machen
wagen müßte, von denen, obgleich in ihnen kein
Widerſpruch iſt, ich doch niemals wiſſen kann, ob
ihnen überhaupt ein Gegenſtand correſpondire, oder
nicht, die alſo für mich völlig leer ſind.

Nun mag der Leſer, indem er das hier ge-
ſagte mit dem, was Herr Eberhard von S. 316.
an von ſeiner Expoſition der ſynthetiſchen Urtheile
rühmt, vergleicht, ſelbſt urtheilen, wer unter uns
beiden einen leeren Wörterkram, ſtatt Sachkenntniß, zum öffentlichen Verkehr ausbiete.

Noch S. 316. iſt der Character derſelben,
„daß ſie bey ewigen Wahrheiten Attribute des Subjects, bey den Zeitwahrheiten zufällige Beſchaffen-
heiten oder Verhältniſſe zu ihren Prädicaten haben,„
und nun vergleicht er S. 317. mit dieſem nach
S. 317. fruchtbarſten und einleuchtendſten Eintheilungsgrunde den Begriff, den die Critik von ihnen
giebt, nemlich daß ſynthetiſche Urtheile ſolche ſind,
deren Princip nicht der Satz des Widerſpruchs ſey!
„Aber welcher dann?„ frägt Herr Eberhard unwil-
lig, und nennt darauf ſeine Entdeckung (vorgeblich
aus Leibnitzens Schriften gezogen), nemlich den Satz

des

des Grundes, der also neben dem Satze des Wider=
spruchs, um den sich die analytischen Urtheile drehen,
der zweyte Thürangel ist, woran sich der menschli=
che Verstand bewegt, nemlich in seinen synthetischen
Urtheilen.

Nun sieht man aus dem, was ich nur eben,
als das kurzgefaßte Resultat des analytischen Theils
der Critik des Verstandes, angeführt habe, daß
diese das Princip synthetischer Urtheile überhaupt,
welches nothwendig aus ihrer Definition folgt, mit
aller erforderlichen Ausführlichkeit darlege, nem=
lich: daß sie nicht anders möglich sind, als unter
der Bedingung einer dem Begriffe ihres Subjects
untergelegten Anschauung, welche, wenn sie Er=
fahrungsurtheile sind, empirisch, sind es syntheti=
sche Urtheile a priori, reine Anschauung a priori
ist. Welche Folgen dieser Satz, nicht allein zur
Grenzbestimmung des Gebrauchs der menschlichen
Vernunft, sondern selbst auf die Einsicht in die
wahre Natur unserer Sinnlichkeit habe, (denn die=
ser Satz kann unabhängig von der Ableitung der
Vorstellungen des Raums und der Zeit bewiesen
werden, und so der Idealität der letzteren zum Be=
weise dienen, noch ehe wir sie aus deren inneren
Beschaffenheit gefolgert haben,) das muß ein jeder
Leser leicht einsehen.

Nun

Nun vergleiche man damit das vorgebliche
Princip, welches die Eberhardsche Bestimmung der
Natur synthetischer Sätze a priori bey sich führt.
„Sie sind solche, welche von dem Begriffe eines
Subjects die Attribute desselben aussagen,‚‚ d. i.
solche, die nothwendig, aber nur als Folgen, zu
demselben gehören, und, weil sie, als solche betrach=
tet, auf irgend einen Grund bezogen werden müf=
sen, so ist ihre Möglichkeit durch das Princip des
Grundes begreiflich. Nun fragt man aber mit
Recht, ob dieser Grund ihres Prädicats nach dem
Satze des Widerspruchs im Subjecte zu suchen ist,
(in welchem Falle das Urtheil, trotz dem Princip
des Grundes, immer nur analytisch seyn würde,)
oder nach dem Satze des Widerspruchs aus dem
Begriffe des Subjects nicht abgeleitet werden könne;
in welchem Falle das Attribut allein synthetisch ist.
Also unterscheidet weder der Name eines Attributs,
noch der Satz des zureichenden Grundes die synthe=
tischen Urtheile von analytischen, sondern, wenn die er=
stern als Urtheile a priori gemeinet sind, so kann man
nach dieser Benennung nichts weiter sagen, als daß
das Prädicat derselben nothwendig im Wesen des
Begriffs des Subjects auf irgend eine Art ge=
gründet, mithin Attribut sey, aber nicht blos zu=
folge des Satzes des Widerspruchs. Wie es nun
aber, als synthetisches Attribut, mit dem Begriffe
des Subjects in Verbindung komme, da es durch
die

die Zergliederung deſſelben daraus nicht gezogen
werden kann, iſt aus dem Begriffe eines Attributs
und dem Satze: daß irgend ein Grund deſſelben
ſey, nicht zu erſehen; und Herrn Eberhards Beſtimmung iſt alſo ganz leer. Die Critik aber zeigt
dieſen Grund der Möglichkeit deutlich an, nemlich:
daß es die reine, dem Begriffe des Subjects untergelegte Anſchauung ſeyn müſſe, an der es möglich,
ja allein möglich iſt, ein ſynthetiſches Prädicat
a priori mit einem Begriffe zu verbinden.

Was hierin entſcheidet, iſt, daß die Logik
ſchlechterdings keine Auskunft über die Frage geben
kann: wie ſynthetiſche Sätze a priori möglich ſind.
Wollte ſie ſagen: leitet aus dem, was das Weſen
eures Begriffs ausmacht, die hinreichend dadurch
beſtimmten ſynthetiſchen Prädicate (die alsdenn Attribute heißen werden) ab: ſo ſind wir eben ſo weit
wie vorher. Wie ſoll ich es anfangen, um mit
meinem Begriffe über dieſen Begriff ſelbſt hinaus
zu gehen, und mehr davon zu ſagen, als in ihm gedacht worden? Die Aufgabe wird nie aufgelöſet,
wenn man die Bedingungen der Erkenntniß, wie
die Logik thut, blos von Seiten des Verſtandes in
Anſchlag bringt. Die Sinnlichkeit, und zwar als
Vermögen einer Anſchauung a priori, muß dabey
mit in Betrachtung gezogen werden, und wer in
den Claſſificationen, die die Logik von Begriffen
macht,

macht, (indem sie, wie es auch seyn muß, von
allen Objecten derselben abstrahirt) Trost zu finden
vermeint, wird Mühe und Arbeit verliehren. Herr
Eberhard beurtheilt dagegen die Logik in dieser Ab=
sicht und nach den Anzeigen, die er von dem Be=
griffe der Attributen (und dem diesen ausschließlich
angehörenden Grundsatze synthetischer Urtheile a
priori, dem Satze des zureichenden Grundes) her=
nimmt, für so reichhaltig und vielverheißend zum
Aufschlusse dunkeler Fragen in der Transscendental=
philosophie; daß er gar S. 382. eine neue Tafel
der Eintheilung der Urtheile für die Logik entwirft
(in welcher aber der Verfasser der Critik seinen ihm
darin angewiesenen Platz verbittet), wozu ihn Jacob
Bernouilli durch eine S. 320. angeführte, ver=
meintlich neue, Eintheilung derselben veranlaßt.
Von dergleichen logischen Erfindung könnte man
wohl, wie es einmal in einer gelehrten Zeitung
hieß, sagen: Zu N. ist, leider! wiederum ein
neues Thermometer erfunden worden.   Denn so
lange man sich noch immer mit den beiden festen
Puncten der Eintheilung dem Frost= und Siede=
puncte des Wassers begnügen muß, ohne das Ver=
hältniß der Wärme in einem von beiden zur absolu=
ten Wärme bestimmen zu können, ist es einerley, ob
der Zwischenraum in 80 oder 100 Grade u. s. w.
eingetheilt werde.   So lange man also noch nicht
im Allgemeinen belehrt wird, wie denn Attribute

(ver=

(versteht sich synthetische), die doch nicht aus dem
Begriffe des Subjects selbst entwickelt werden kön=
nen, dazu kommen, nothwendige Prädicate deffel=
ben zu seyn (S. 322. I, 2.), oder wol gar als
solche mit dem Subjecte recipirt werden können,
ist alle jene systematische Eintheilung, die die Mög=
lichkeit der Urtheile zugleich angeben soll, welches
sie doch in den wenigsten Fällen kann, eine ganz un=
nütze Last fürs Gedächtniß, und möchte wol schwer=
lich in einem neueren System der Logik einen Platz
erwerben, wie denn auch die bloße Idee von syn=
thetischen Urtheilen a priori (welche Herr Eberhard,
sehr widersinnisch, nichtwesentliche nennt) schlech=
terdings nicht für die Logik gehört.

Zuletzt noch etwas über die von Herrn Eber=
hard und anderen vorgebrachte Behauptung: daß
die Unterscheidung der synthetischen von analytischen
Urtheilen nicht neu, sondern längst bekandt (ver=
muthlich auch wegen ihrer Unrichtigkeit nur nach=
lässig behandelt) gewesen sey. Es kann dem, wel=
chem es um Wahrheit zu thun ist, vornemlich wenn
er eine Unterscheidung von einer wenigstens bisher
unversuchten Art braucht, wenig daran gelegen
seyn, ob sie schon sonst von jemanden gemacht wor=
den, und es ist auch schon das gewöhnliche Schicksal
alles Neuen in Wissenschaften, wenn man ihm nichts
entgegensetzen kann, daß man es doch wenigstens als
längst

längst bekandt bey Aelteren antreffe. Allein, wenn
doch aus einer als neu vorgetragenen Bemerkung
auffallende wichtige Folgen so fort in die Augen
springen, die unmöglich hätten übersehen werden
können, wäre jene schon sonst gemacht gewesen;
so müßte doch ein Verdacht wegen der Richtigkeit
oder Wichtigkeit jener Eintheilung selbst entstehen,
welcher ihrem Gebrauche im Wege stehen könnte.
Ist nun aber die letztere außer Zweifel gesezt, und
zugleich auch die Nothwendigkeit, mit der sich diese
Folgen von selbst aufdringen, in die Augen fallend,
so kann man mit der größten Wahrscheinlichkeit an
nehmen, sie sey noch nicht gemacht worden.

Nun ist die Frage, wie Erkenntniß a priori
möglich sey, längstens, vornemlich seit Locks Zeit, auf
geworfen und behandelt worden; was war natür
licher, als daß, so bald man den Unterschied des
Analytischen vom Synthetischen in demselben deut
lich bemerkt hätte, man diese allgemeine Frage auf
die besondere eingeschränkt haben würde: wie sind
synthetische Urtheile a priori möglich? Denn so
bald diese aufgeworfen worden, so geht jedermann
ein Licht auf, nemlich daß das Stehen und Fallen
der

der Metaphyſik lediglich auf der Art beruhe, wie
die letztere Aufgabe aufgelöſet würde; man hätte
ſicherlich alles dogmatiſche Verfahren mit ihr ſo
lange eingeſtellt, bis man über dieſe einzige Aufgabe hinteichende Auskunft erhalten hätte; die Critik der reinen Vernunft wäre das Loſungswort ge-
worden, vor welchem auch die ſtärkſte Poſaune
dogmatiſcher Behauptungen derſelben nicht hätte
aufkommen können. Da dieſes nun nicht geſchehen
iſt, ſo kann man nicht anders urtheilen, als daß
der genannte Unterſchied der Urtheile niemals gehörig eingeſehen worden. Dieſes war auch unvermeidlich, wenn ſie ihn wie Herr Eberhard,
der aus ihren Prädicaten den bloßen Unterſchied
der Attribute vom Weſen und weſentlichen Stücken
des Subjects macht, beurtheilten, und ihn alſo zur
Logik zählten, da dieſe es niemals mit der Möglichkeit des Erkenntniſſes ihrem Inhalte nach, ſondern blos mit der Form derſelben, ſo fern es ein
diſcurſives Erkenntniß iſt, zu thun hat, den Ur-
ſprung der Erkenntniß aber a priori von Gegen-
ſtänden zu erforſchen ausſchließlich der Transſcendentalphiloſophie überlaſſen muß. Dieſe Einſicht
und beſtimmte Brauchbarkeit konnte die genannte

Ein-

Eintheilung auch nicht erlangen, wenn sie, für
die Ausdrücke der analytischen und synthetischen,
so übel gewählte, als die der identischen und nicht-
identischen Urtheile es sind, eingetauscht hätte.
Denn durch die letztern wird nicht die mindeste Anzeige auf eine besondere Art der Möglichkeit einer
solchen Verbindung der Vorstellungen a priori gethan; an dessen Statt der Ausdruck eines synthetischen Urtheils (im Gegensatze des analytischen)
sofort eine Hinweisung zu einer Synthesis a priori
überhaupt bey sich führt, und natürlicher Weise
die Untersuchung, welche gar nicht mehr logisch,
sondern schon transscendental ist, veranlassen muß:
ob es nicht Begriffe (Categorien) gebe, die nichts
als die reine synthetische Einheit eines Mannigfaltigen (in irgend einer Anschauung), zum Behuf des Begriffs eines Objects überhaupt, aussagen, und die a priori aller Erkenntniß desselben zum Grunde liegen; und, da diese nun blos
das Denken eines Gegenstandes überhaupt betreffen, ob nicht auch zu einer solchen synthetischen
Erkenntniß die Art, wie derselbe gegeben werden
müsse, nemlich eine Form seiner Anschauung,
eben so wohl a priori vorausgesetzt werde; da denn

H   die

die darauf gerichtete Aufmerksamkeit jene logische Unterscheidung, die sonst keinen Nutzen haben kann, unverfehlbar in eine transscendentale Aufgabe würde verwandelt haben.

Es war also nicht blos eine Wortkünsteley, sondern ein Schritt näher zur Sachkenntniß, wenn die Critik zuerst den Unterschied der Urtheile, die ganz auf dem Satze der Identität oder des Widerspruchs beruhen, von denen, die noch eines anderen bedürfen, durch die Benennung analytischer, im Gegensatze mit synthetischen Urtheilen, kennbar machte. Denn, daß etwas außer dem gegebenen Begriffe noch als Substrat hinzu kommen müsse, was es möglich macht, mit meinen Prädicaten über ihn hinaus zu gehen; wird durch den Ausdruck der Synthesis klar angezeigt, mithin die Untersuchung auf die Möglichkeit einer Synthesis der Vorstellungen zum Behuf der Erkenntniß überhaupt gerichtet, welche bald dahin ausschlagen mußte, Anschauung, für das Erkenntniß a priori aber reine Anschauung, als die unentbehrlichen Bedingungen derselben anzuerkennen; eine Leitung, die man von der Erklärung synthetischer Urtheile

durch

durch nicht identische nicht erwarten konnte: wie
sie denn aus dieser auch niemals erfolgt ist. Um
sich hievon zu versichern, darf man nur die Bey=
spiele prüfen, die man bisher angeführt hat, um
zu beweisen, daß die gedachte Unterscheidung schon
ganz entwickelt, obzwar unter anderen Ausdrü=
cken, in der Philosophie bekandt gewesen. Das
erste (von mir selbst, aber nur als etwas dem
ähnliches, angeführte) ist von Locke, welcher die
von ihm sogenannten Erkenntnisse der Coexistenz und
Relation, die erste in Erfahrungs=, die zweyte in
moralischen Urtheilen aufstellt; er benennt aber
nicht das Synthetische der Urtheile im Allgemeinen;
wie er denn auch aus diesem Unterschiede von den
Sätzen der Jdentität nicht die mindesten allgemeinen
Regeln für die reine Erkenntniß a priori überhaupt
gezogen hat. Das Beyspiel aus Reusch ist ganz
für die Logik, und zeigt nur die zwey verschiedenen
Arten, gegebenen Begriffen Deutlichkeit zu ver=
schaffen, an, ohne sich um die Erweiterung der
Erkenntniß, vornemlich a priori, in Ansehung der
Objecte zu bekümmern. Das dritte von Crusius
führt blos metaphysische Sätze an, die nicht durch
den Satz des Widerspruchs bewiesen werden können.

Nie=

Niemand hat also diese Unterscheidung in ihrer All=
gemeinheit zum Behuf einer Critik der Vernunft
überhaupt, begriffen; denn sonst hätte die Mathe=
matik, mit ihrem großen Reichthum an syntheti=
schem Erkenntniß a priori, zum Beyspiele oben an
aufgestellt werden müssen, deren Abstechung aber
gegen die reine Philosophie und dieser ihre Armuth
in Ansehung dergleichen Sätze (indessen daß sie
an analytischen reich genug ist) eine Nachforschung,
wegen der Möglichkeit der ersteren, unausbleiblich
hätte veranlassen müssen.   Indessen bleibt es eines
jeden Urtheile überlassen, ob er sich bewußt ist,
diesen Unterschied im Allgemeinen schon sonst vor
Augen gehabt und bey Anderen gefunden zu haben,
oder nicht; wenn er nur darum die gedachte Nach=
forschung nicht, als überflüssig, und ihr Ziel, als
schon längst erreicht, vernachlässigt.

*   *   *

Mit dieser Erörterung einer angeblich nur wieder=
hergestellten, älteren, die Metaphysik zu großen Ansprü=
chen berechtigenden Critik der reinen Vernunft, mag
es nun für jetzt und für immer genug seyn. So viel
erhellet daraus hinreichend, daß, wenn es eine solche gab,

es wenigstens Herrn Eberhard nicht beschieden war sie
zu sehen, zu verstehen, oder in irgend einem Puncte
diesem Bedürfnisse der Philosophie, wenn auch nur
durch die zweyte Hand, abzuhelfen. — Die andern
wackeren Männer, welche bisher durch ihre Einwürfe das
critische Geschäffte im Gange zu erhalten bemühet gewesen, werden diese einzige Ausnahme von meinem Vor-
satze (mich in gar keine förmliche Streitigkeit einzulassen) nicht so auslegen, als wenn ihre Argumente oder
ihr philosophisches Ansehen mir von minderer Wichtigkeit
zu seyn geschienen hätten: es geschah für diesmal nur
um ein gewisses Benehmen, das etwas Characteristisches
an sich hat und Herrn Eberhard eigen zu seyn und Aufmerksamkeit zu verdienen scheint, bemerklich zu machen.
Uebrigens mag die Critik der reinen Vernunft, wenn
sie kann, durch ihre innere Festigkeit sich selbst weiter-
hin aufrecht erhalten. Verschwinden wird sie nicht,
nachdem sie einmal in Umlauf gekommen, ohne wenigstens ein festeres System der reinen Philosophie, als
bisher vorhanden war, veranlaßt zu haben. Wenn man
sich aber doch einen solchen Fall zum Versuche denkt, so
giebt der jetzige Gang der Dinge hinreichend zu erkennen, daß die scheinbare Eintracht, welche jetzt noch zwischen den Gegnern derselben herrscht, nur eine ver-

steckte

ſteckte Zwietracht ſey, indem ſie in Anſehung des Prin=
cips, welches ſie an jener ihre Stelle ſetzen wollen,
himmelweit aus einander ſind. Es würde daher ein
beluſtigendes, zugleich auch belehrendes Spiel abgeben,
wenn ſie ihren Streit mit ihrem gemeinſchaftlichen
Feinde auf einige Zeit bey Seite zu ſetzen, dafür aber
ſich vorher über die Grundſätze, welche ſie dagegen an=
nehmen wollten, zu einigen verabredeten; aber ſie wür=
den damit eben ſo wenig, wie der, welcher die Brücke
längs dem Strome, ſtatt queer über denſelben, zu ſchla=
gen meinte, jemals zu Ende kommen.

Bey der Anarchie, welche unter dem philoſophiren=
den Volke unvermeidlicher Weiſe herrſcht, weil es blos
ein unſichtbares Ding, die Vernunft, für ſeinen alleini=
gen Oberherrn erkennt, iſt es immer eine Nothhülfe ge=
weſen, den unruhigen Haufen um irgend einen großen
Mann, als den Vereinigungspunct, zu verſammlen.
Allein dieſen zu verſtehen, war für die, welche ihren
eigenen Verſtand nicht mitbrachten, oder ihn zu brauchen
nicht Luſt hatten, oder, ob es ihnen gleich an beiden nicht
mangelte, ſich doch anſtellten, als ob ſie den ihrigen nur
von einem anderen zu Lehne trügen, eine Schwie=
rigkeit, welche eine daurende Verfaſſung zu erzeu=

gen

gen bisher verhinderte und noch eine gute Zeit wenigstens sehr erschweren wird.

Des Herrn von Leibniz Metaphysik enthielt vornemlich drey Eigenthümlichkeiten: 1. den Satz des zureichenden Grundes, und zwar so fern er blos die Unzulänglichkeit des Satzes des Widerspruchs zum Erkenntnisse nothwendiger Wahrheiten anzeigen sollte. 2. Die Monadenlehre. 3. Die Lehre von der vorherbestimmten Harmonie. Wegen dieser drey Principien ist er von vielen Gegnern, die ihn nicht verstanden, gezwackt, aber (wie ein großer Kenner und würdiger Lobredner desselben bey einer gewissen Gelegenheit sagt) von seinen vorgeblichen Anhängern und Auslegern mishandelt worden; wie es auch andern Philosophen des Alterthums ergangen ist, die wohl hätten sagen können: Gott bewahre uns nur für unseren Freunden; vor unseren Feinden wollen wir uns wol selbst in Acht nehmen.

I. Ist es wol glaublich, daß Leibniz jenen Satz des zureichenden Grundes objectiv (als Naturgesetz) habe verstanden wissen wollen, indem er eine große Wichtigkeit in diesem, als Zusatze zur bisherigen Philosophie, setzte? Er ist ja so allgemein bekannt, und (unter gehörigen Einschränkungen) so augenscheinlich klar, daß auch

der

der schlechteste Kopf damit nicht eine neue Entdeckung gemacht zu haben glauben kann; auch ist er, von ihn misverstehenden Gegnern, darüber mit manchem Spotte angelassen worden. Allein dieser Grundsatz war Ihm blos ein subjectives, nemlich blos auf eine Critik der Vernunft bezogenes, Princip. Denn was heißt das: über den Satz des Widerspruchs müssen noch andere Grundsätze hinzukommen? Es heißt so viel, als: nach dem Satze des Widerspruchs kann nur das, was schon in den Begriffen des Objects liegt, erkannt werden; soll nun noch etwas mehr von diesem gesagt werden, so muß etwas über diesen Begriff hinzukommen, und wie dieses hinzukommen könne, dazu muß noch ein besonderes vom Satze des Widerspruchs unterschiedenes Princip gesucht werden, d. i. sie müssen ihren besonderen Grund haben. Da nun die letztere Art Sätze (jetzt wenigstens) synthetisch heißen, so wollte Leibnitz nichts weiter sagen, als: es muß über den Satz des Widerspruchs (als das Prin-cip analytischer Urtheile) noch ein anderes Princip, nem-lich das der synthetischen Urtheile, hinzukommen. Dieses war allerdings eine neue und bemerkenswürdige Hinwei-sung auf Untersuchungen, die in der Metaphysik noch an-zustellen wären, (und die auch wirklich seit kurzem an-gestellt worden). Wenn nun sein Anhänger diese Hin-

weisung

weisung auf ein besonderes damals noch zu suchendes Princip für das (schon gefundene) Princip (der synthetischen
Erkenntniß) selbst ausgiebt, womit Leibnitz eine neue
Entdeckung gemacht zu haben gemeint gewesen; setzt er
ihn da nicht dem Gespötte aus, indem er ihm eine Lob-
rede zu halten gedachte?

II. Ist es wol zu glauben, daß Leibnitz, ein so
großer Mathematiker! die Körper aus Monaden (hiemit
auch den Raum aus einfachen Theilen) habe zusammensetzen wollen? Er meinte nicht die Körperwelt, sondern ihr für uns unerkennbares Substrat, die intelligi-
bele Welt, die blos in der Idee der Vernunft liegt, und
worin wir freylich alles, was wir darin als zusammengesetzte Substanz denken, uns als aus einfachen Substanzen
bestehend vorstellen müssen. Auch scheint er, mit Plato,
dem menschlichen Geiste ein ursprüngliches, obzwar
jetzt nur verdunkeltes, intellectuelles Anschauen dieser
übersinnlichen Wesen beyzulegen, davon er aber nichts
auf die Sinnenwesen bezog, die er für auf eine besondere Art Anschauung, deren wir allein zum Behuf
für uns möglicher Erkenntnisse fähig sind, bezogene
Dinge, in der strengsten Bedeutung für bloße Erscheinun-
nungen, (specifisch eigenthümliche) Formen der An-

H 5   schauung

schauung gehalten wissen will; wobey man sich durch
seine Erklärung von der Sinnlichkeit, als einer verwor-
renen Vorstellungsart, nicht stöhren, sondern vielmehr
eine andere, seiner Absicht angemessenere, an deren
Stelle setzen muß; weil sonst sein System nicht mit sich
selbst zusammenstimmt. Diesen Fehler nun für absichtliche, weise Vorsicht desselben aufzunehmen, (wie
Nachahmer, um ihrem Originale recht ähnlich zu werden,
auch seine Gebehrde- oder Sprachfehler nachmachen;)
kann ihnen schwerlich zum Verdienst um die Ehre ihres
Meisters angerechnet werden. Das Angebohrenseyn
gewisser Begriffe, als ein Ausdruck für ein Grund-
vermögen in Ansehung der Prinzipien a priori unserer
Erkenntniß, dessen er sich blos gegen Locke, der keinen
anderen als empirischen Ursprung anerkennt, bedienet,
wird eben so unrecht verstanden, wenn man es nach dem
Buchstaben nimmt.

III. Ist es möglich zu glauben, daß Leibnitz, mit
seiner vorherbestimmten Harmonie zwischen Seele und
Körper, ein Zusammenpassen zweyer von einander ihrer
Natur nach ganz unabhängiger und durch eigene Kräfte
auch nicht in Gemeinschaft zu bringender Wesen verstanden haben sollte? Das wäre ja gerade den Idealism an-

gekün-

gekündigt; denn warum soll man überhaupt Körper annehmen, wenn es möglich ist, alles, was in der Seele vor-
geht, als Wirkung ihrer eigenen Kräfte, die sie auch ganz
isolirt eben so ausüben würde, anzusehen? Seele und
das uns gänzlich unbekandte Substrat der Erscheinungen, welche wir Körper nennen, sind zwar ganz verschiedene Wesen, aber diese Erscheinungen selbst, als
bloße, auf des Subjects (der Seele) Beschaffenheit be-
ruhende, Formen ihrer Anschauung, sind bloße Vorstellungen, und da läßt sich die Gemeinschaft zwischen Verstande und Sinnlichkeit in demselben Subjecte nach gewissen Gesetzen a priori wol denken, und doch zugleich
die nothwendige natürliche Abhängigkeit der letzteren von
äußeren Dingen, ohne diese dem Idealism preiszuge-
ben. Von dieser Harmonie zwischen dem Verstande
und der Sinnlichkeit, so fern sie Erkenntnisse von allgemeinen Naturgesetzen a priori möglich macht, hat die
Critik zum Grunde angegeben, daß ohne diese keine Erfahrung möglich ist, mithin die Gegenstände (weil sie
theils, ihrer Anschauung nach, den formalen Bedingungen
unserer Sinnlichkeit, theils, der Verknüpfung des Mannigfaltigen nach, den Principien der Zusammenordnung
in ein Bewußtseyn, als Bedingung der Möglichkeit einer
Erkenntniß derselben, gemäß sind,) von uns in die Einheit
des

des Bewußtseyns gar nicht aufgenommen werden und in
die Erfahrung hineinkommen, mithin für uns nichts
seyn würden. Wir konnten aber doch keinen Grund angeben, warum wir gerade eine solche Art der Sinnlichkeit
und eine solche Natur des Verstandes haben, durch deren Verbindung Erfahrung möglich wird; noch mehr,
warum sie, als sonst völlig heterogene Erkenntnißquellen,
zu der Möglichkeit eines Erfahrungserkenntnisses überhaupt, hauptsächlich aber (wie die Critik der Urtheils-
kraft darauf aufmerksam machen wird) zu der Möglichkeit einer Erfahrung von der Natur, unter ihren mannigfaltigen besonderen und blos empirischen Gesetzen,
von denen uns der Verstand a priori nichts lehrt, doch
so gut immer zusammenstimmen, als wenn die Natur
für unsere Fassungskraft absichtlich eingerichtet wäre; dieses
konnten wir nicht (und das kann auch niemand) weiter
erklären. Leibnitz nannte den Grund davon, vornemlich
in Ansehung des Erkenntnisses der Körper, und unter
diesen zuerst unseres eigenen, als Mittelgrundes dieser
Beziehung, eine vorherbestimmte Harmonie, wodurch er augenscheinlich jene Uebereinstimmung wol nicht
erklärt hatte, auch nicht erklären wollte, sondern nur an-
zeigte, daß wir dadurch eine gewisse Zweckmäßigkeit in
der Anordnung der obersten Ursache, unserer selbst sowol

als

als aller Dinge außer uns, zu denken hätten, und diese
zwar schon als in die Schöpfung gelegt (vorher bestimmt),
aber nicht als Vorherbestimmung außer einander befindli-
cher Dinge, sondern nur der Gemüthskräfte in uns, der
Sinnlichkeit und des Verstandes, nach jeder ihrer eigen-
thümlichen Beschaffenheit für einander, so wie die Critik
lehrt, daß sie zum Erkenntnisse der Dinge a priori im
Gemüthe gegen einander in Verhältniß stehen müssen.
Daß dieses seine wahre, obgleich nicht deutlich entwickelte,
Meinung gewesen sey, läßt sich daraus abnehmen, daß
er jene vorherbestimmte Harmonie noch viel weiter als
auf die Uebereinstimmung zwischen Seele und Körper,
nemlich noch auf die zwischen dem Reiche der Natur
und dem Reiche der Gnaden (dem Reiche der Zwecke
in Beziehung auf den Endzweck, d. i. den Menschen unter moralischen Gesetzen) ausdehnt, wo eine Harmonie
zwischen den Folgen aus unseren Naturbegriffen und denen aus dem Freyheitsbegriffe, mithin zweyer ganz ver-
schiedener Vermögen, unter ganz ungleichartigen Principien in uns, und nicht zweyerley verschiedene außer einander befindliche Dinge in Harmonie gedacht werden
sollen, (wie es wirklich Moral erfodert) die aber, wie
die Critik lehrt, schlechterdings nicht aus der Beschaffenheit der Weltwesen, sondern, als eine für uns wenigstens

ſtens zufällige Uebereinſtimmung, nur durch eine intelli/
gante Welturſache kann begriffen werden.

So möchte denn wol die Critik der reinen Ver/
nunft die eigentliche Apologie für Leibnitz, ſelbſt wider
ſeine, ihn mit nicht ehrenden Lobſprüchen erhebende,
Anhänger ſeyn; wie ſie es denn auch für verſchiedene ältere
Philoſophen ſeyn kann, die mancher Geſchichtſchreiber
der Philoſophie, bey allem ihm ertheilten Lobe, doch
lauter Unſinn reden läßt, deſſen Abſicht er nicht erräth,
indem er den Schlüſſel aller Auslegungen reiner Vernunft/
producte aus bloßen Begriffen, die Critik der Vernunft
ſelbſt, (als die gemeinſchaftliche Quelle für alle,) ver/
nachläſſigt, und, über dem Wortforſchen deſſen, was jene
geſagt haben, dasjenige nicht ſehen kann, was ſie haben
ſagen wollen.

H A L L E,

gedruckt mit Gebauerſchen Schriften.